스마트정보화 23

AI가 도와주는 영상 편집

브루 & 유튜브

발 행 일 : 2026년 01월 05일(1판 1쇄)
I S B N : 978-89-5960-520-0(13000)
정 가 : 12,000원

집 필 : 오미영, 김용금 공저
진 행 : 안영선
본문디자인 : 디자인앨리스

발 행 처 : (주)렉스미디어
발 행 인 : 안광준
주 소 : 경기도 파주시 정문로 588번길 24
홈페이지 : www.rexmedia.net

스마트정보화 23 브루 & 유튜브 자료 다운로드 방법 → 다음 페이지

스마트정보화 자료 다운로드

1 렉스미디어 홈페이지(www.rexmedia.net)에 접속한 후 왼쪽 상단의 [일반 교재]를 클릭합니다.

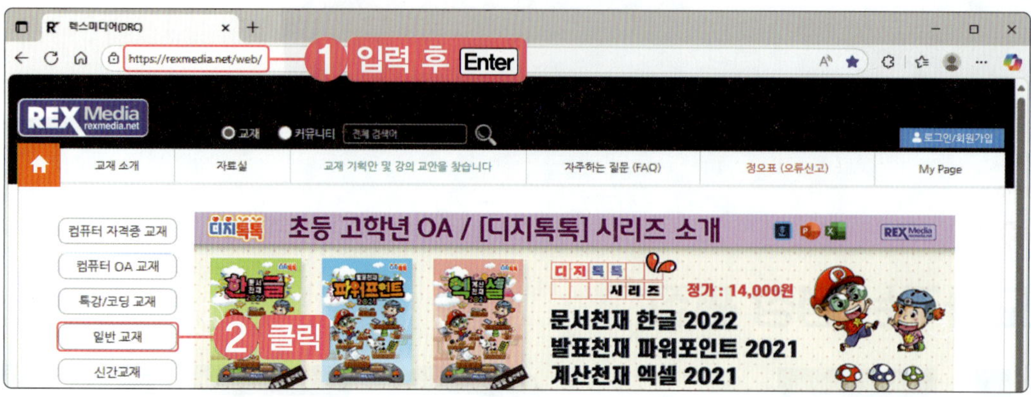

2 일반 교재 안내 페이지가 나타나면 [스마트정보화]-[(스마트정보화23) 브루&유튜브]를 클릭합니다.

3 교재 상세 페이지가 나타나면 [학습자료]를 클릭합니다.

4 자료실 페이지가 나타나면 **[스마트정보화23 브루&유튜브_학습자료(예제 및 완성)]을 클릭**합니다.

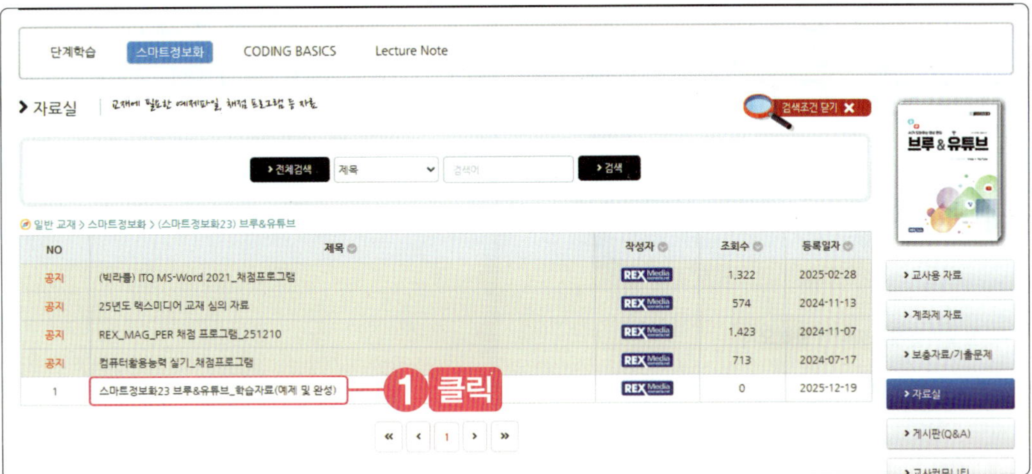

5 다운로드 단추를 클릭하여 자료를 다운로드 받습니다.

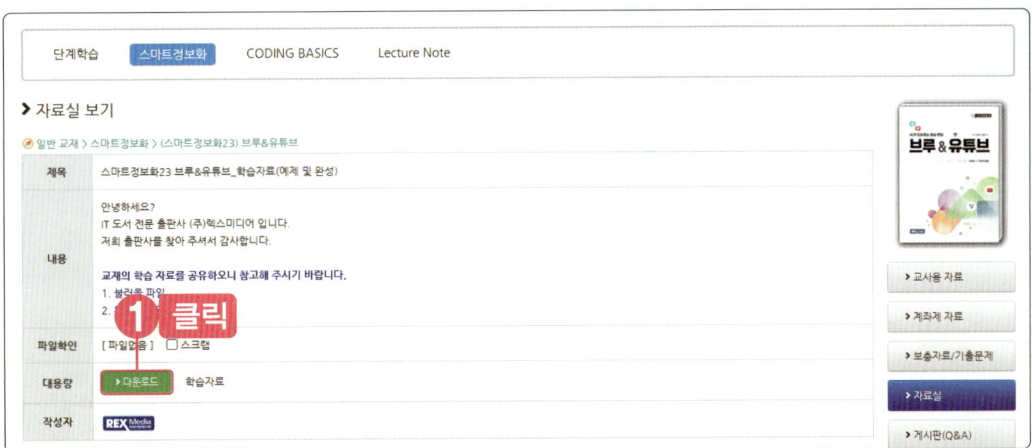

6 **파일 탐색기를 실행**한 후 다운로드 받은 파일을 압축을 해제하면 다음과 같이 스마트정보화(23) 자료가 다운로드된 것을 확인할 수 있습니다.

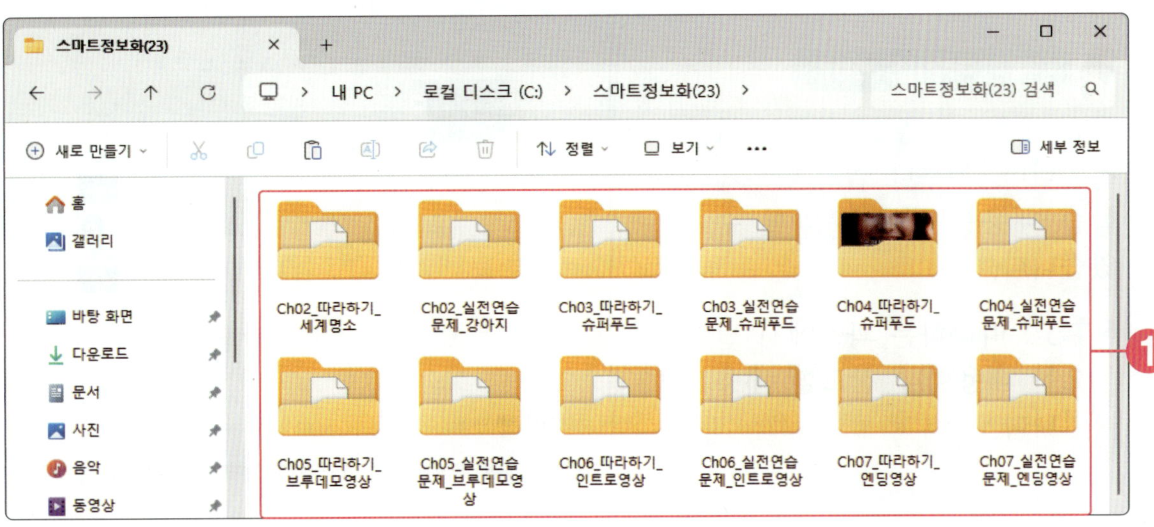

이 책의 구성

브루(Vrew) & 유튜브(Youtube)

브루(Vrew)

Chapter 05

내가 촬영한 영상으로 비디오 만들기(1)

내가 촬영한 영상을 브루에서 불러오면 인공지능이 음성을 분석하고 분석한 음성을 바탕으로 클립이 구성되면서 동영상의 음성이 자막으로 자동 생성됩니다. 이 클립을 이용해 편집을 진행합니다.

Step 01 PC 및 모바일에서 미디어 불러오기

1 [파일] 탭에서 **[새로 만들기]를 클릭**합니다. 그런 다음 [새로 만들기] 창이 나타나면 **[PC에서 비디오·오디오 불러오기]를 클릭**합니다.

54 브루(Vrew)

장(Chapter)

장의 제목과 장에서 다루는 학습 내용에 대한 설명입니다. 학습 내용이 무엇인지 알 수 있습니다.

2 삽입된 이미지의 **[적용 범위 변경]을 클릭**합니다. 그런 다음 [적용 범위 변경] 목록이 나타나면 **[워드로 적용]을 클릭**합니다.

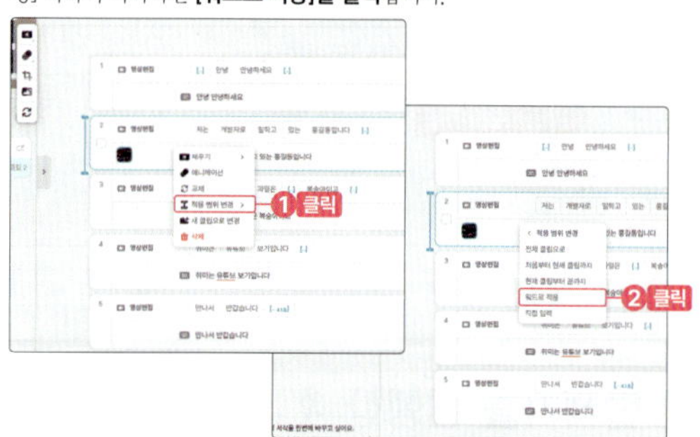

3 그림 애셋 아이콘이 영상 편집줄로 올라간 것을 확인합니다.

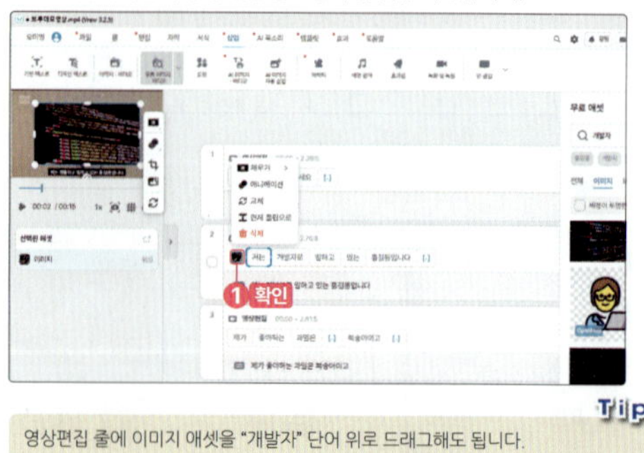

Tip

영상편집 줄에 이미지 애셋을 "개발자" 단어 위로 드래그해도 됩니다.

58 브루(Vrew)

따라하기(Step)

학습 내용을 배우고 익히는 과정입니다. 누구나 쉽고 빠르게 학습 내용을 배우고 익힐 수 있습니다.

- Tip : 따라하는 과정에서 필요한 내용이나 참고할 내용입니다.

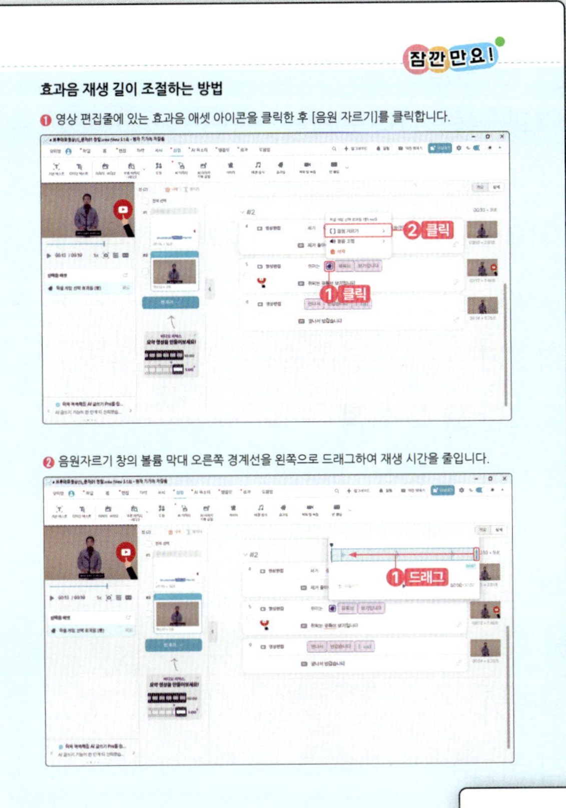

잠깐만요!

효과음 재생 길이 조절하는 방법

❶ 영상 편집줄에 있는 효과음 애셋 아이콘을 클릭한 후 [음원 자르기]를 클릭합니다.

❷ 음원자르기 창의 볼륨 막대 오른쪽 경계선을 왼쪽으로 드래그하여 재생 시간을 줄입니다.

Chapter 05 - 내가 촬영한 영상으로 비디오 만들기

잠깐만요!

학습 내용과 관련은 있지만 따라하는 과정에서 다루지 못한 내용입니다.

실전 연습 문제

01 브루데모영상(1).vrew 프로젝트 파일을 불러와 아래 그림과 같이 4번 클립에 영상편집 줄의 "복숭아이고" 앞에 배경이 투명한 복숭아를 삽입하세요.

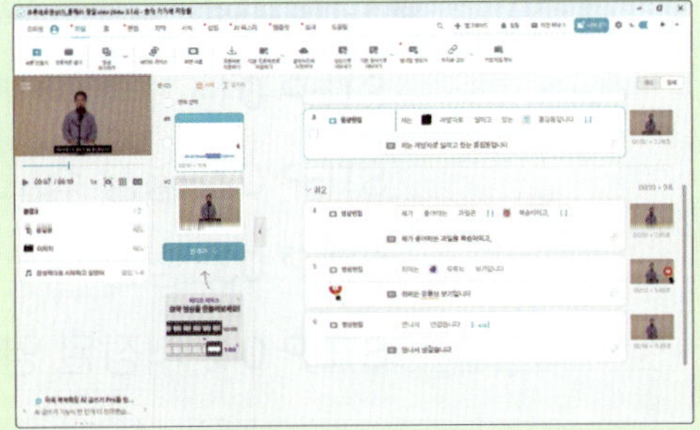

힌트 ① [삽입]탭 - [무료 이미지·비디오] 메뉴의 오른쪽 [무료 애셋]에서 "복숭아"로 검색합니다.
② 이미지 삽입 후 적용 범위 변경을 [워드로 적용]을 선택한 후 영상편집 줄에서 복숭아 단어 앞에 이동합니다.
③ 복숭아 이미지의 크기와 위치는 적당하게 조정합니다.

68 브루(Vrew)

실전 연습 문제

장별로 학습 내용을 얼마나 배우고 익혔는지 확인할 수 있는 문제입니다.

- Hint : 문제를 해결하는데 도움이 되는 내용입니다.

이 책의 차례

이 책의 차례

V·r·e·w & Y·o·u·T·u·b·e

브루 & 유튜브

브루 화면 구성

Vrew

메뉴 표시줄
파일, 홈, 편집, 자막, 서식, 삽입, AI 목소리, 템플릿, 효과, 도움말 탭으로 구성되어 있습니다.

재생 영역
현재 편집 중인 영상을 재생할 수 있습니다.

플레이
영상 재생 또는 멈춤

선택 중인 클립
편집 영역에서 선택된 해당 클립에 사용된 요소들을 확인할 수 있습니다.

재생 속도 조절
영상 속도를 느리게 또는 빠르게 조절

화면 캡처
영상 화면이 캡처되어 클립보드에 저장(또는 원하는 위치에서 Ctrl+V를 눌러 붙여넣기)

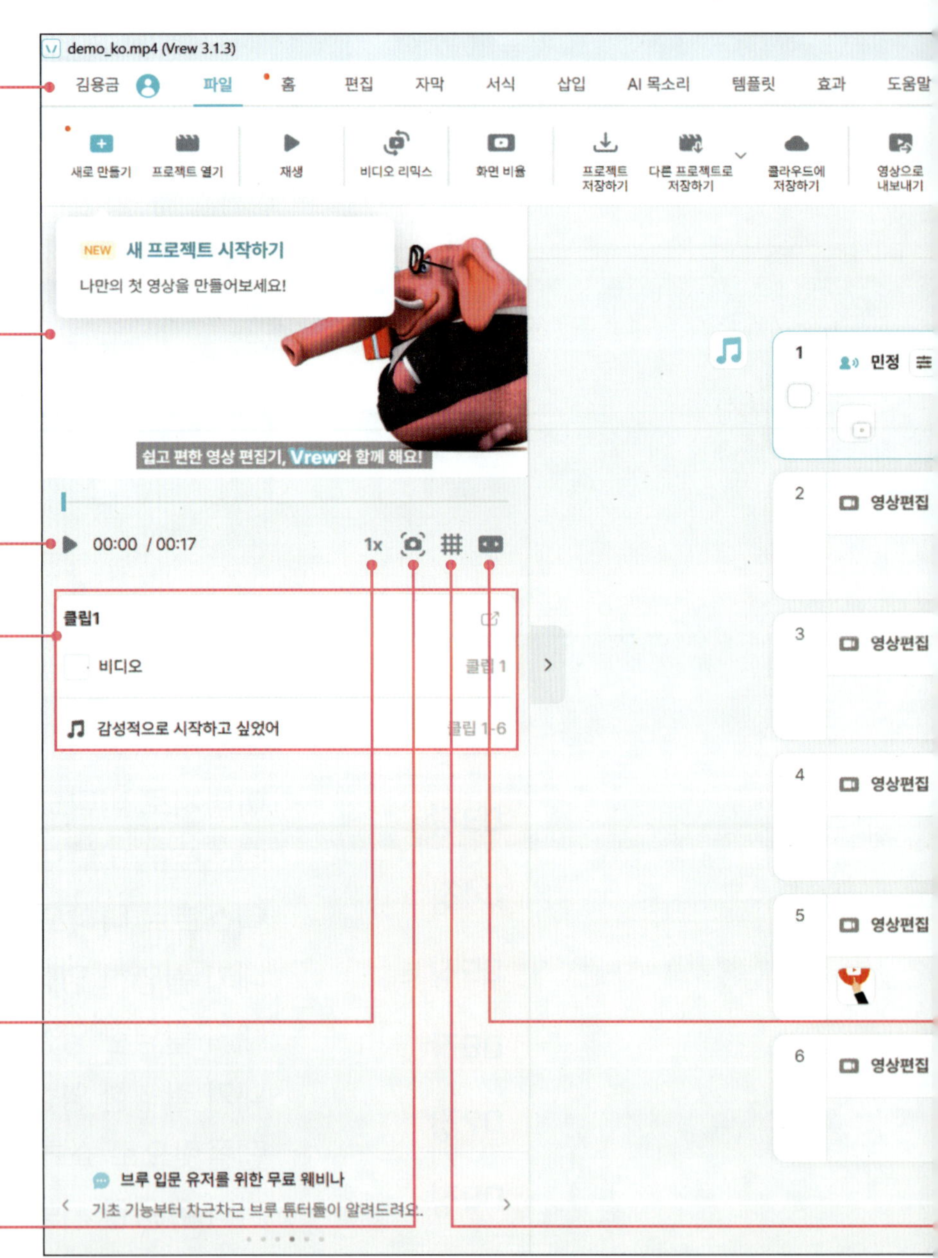

브루의 화면은 메뉴 표시줄, 도구 상자, 재생 영역, 편집 영역 등으로 구성되어 있습니다.

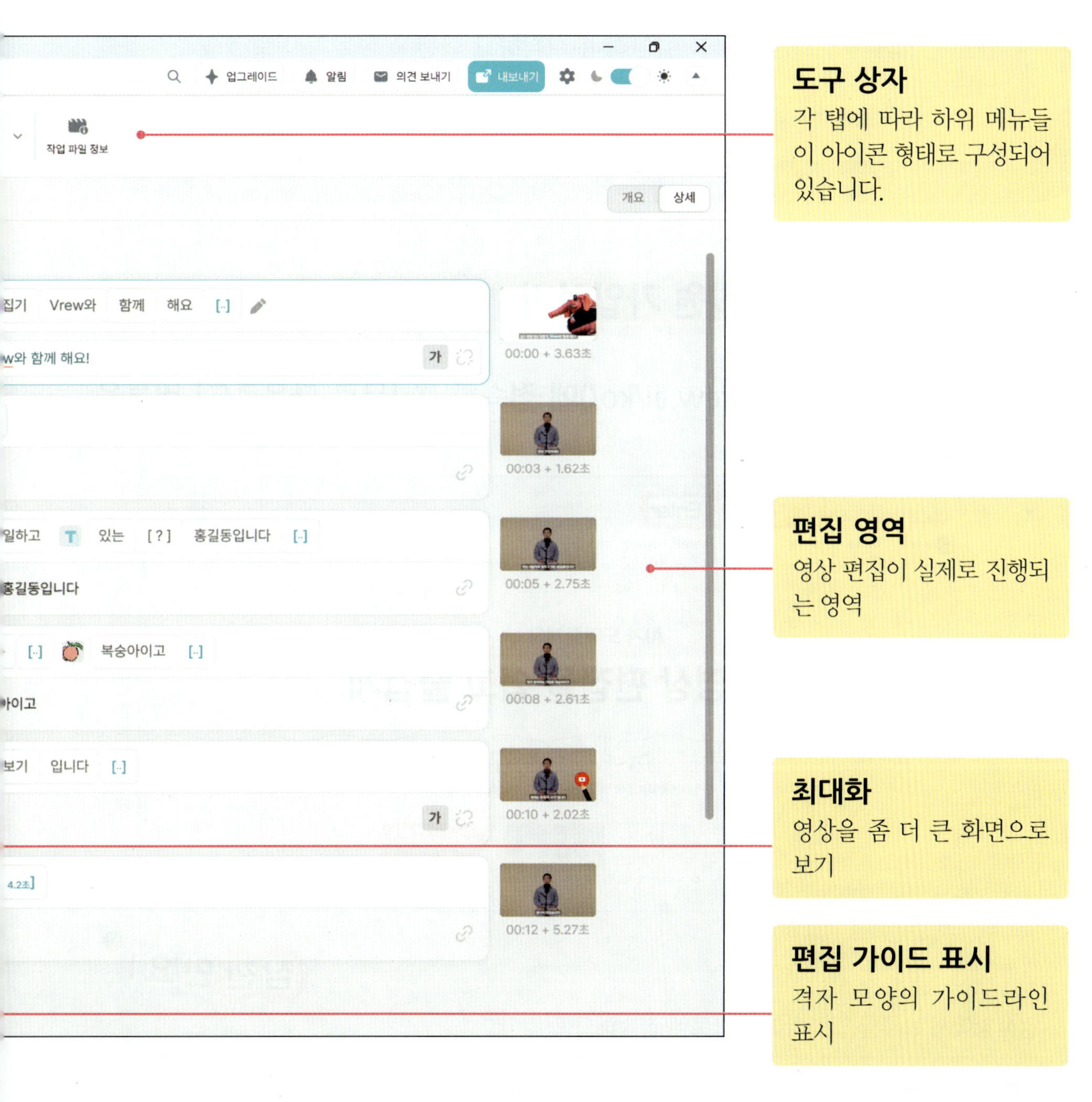

도구 상자
각 탭에 따라 하위 메뉴들이 아이콘 형태로 구성되어 있습니다.

편집 영역
영상 편집이 실제로 진행되는 영역

최대화
영상을 좀 더 큰 화면으로 보기

편집 가이드 표시
격자 모양의 가이드라인 표시

브루 시작하기

브루는 인공지능을 활용한 영상 편집 프로그램입니다. 동영상의 음성을 자동으로 인식하여 텍스트로 변환합니다. 영상의 컷편집 또한 누구나 쉽게 할 수 있습니다. 그럼 브루를 설치하여 시작하고 화면 구성을 알아보겠습니다.

Step 01 브루 설치 및 회원 가입하기

1 **브루 홈페이지(https://vrew.ai/ko/)에 접속**한 후 **[무료 다운로드] 버튼을 클릭**합니다.

잠깐만요!

검색창에서 브루를 입력하여 사이트에 접속해도 됩니다.

2 웹 브라우저의 오른쪽 상단에 다운로드가 진행된 상태를 확인할 수 있습니다.

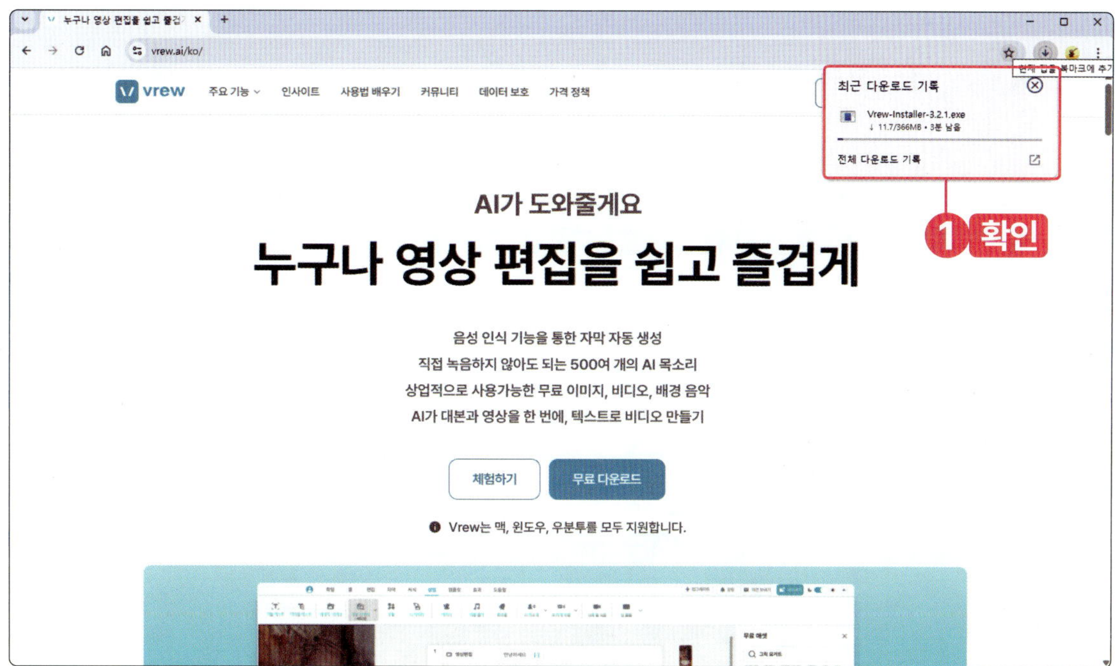

3 다음은 Vrew가 설치되고 있는 상태입니다.

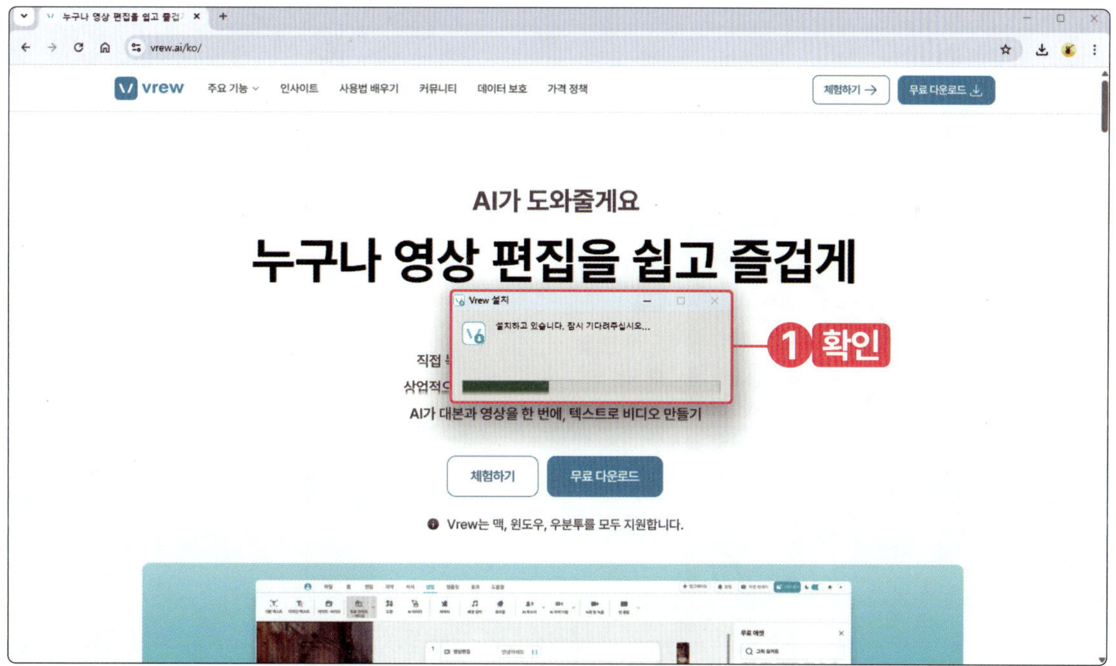

4 Vrew 설치가 완료 되면 **[동의하고 시작] 버튼을 클릭**합니다.

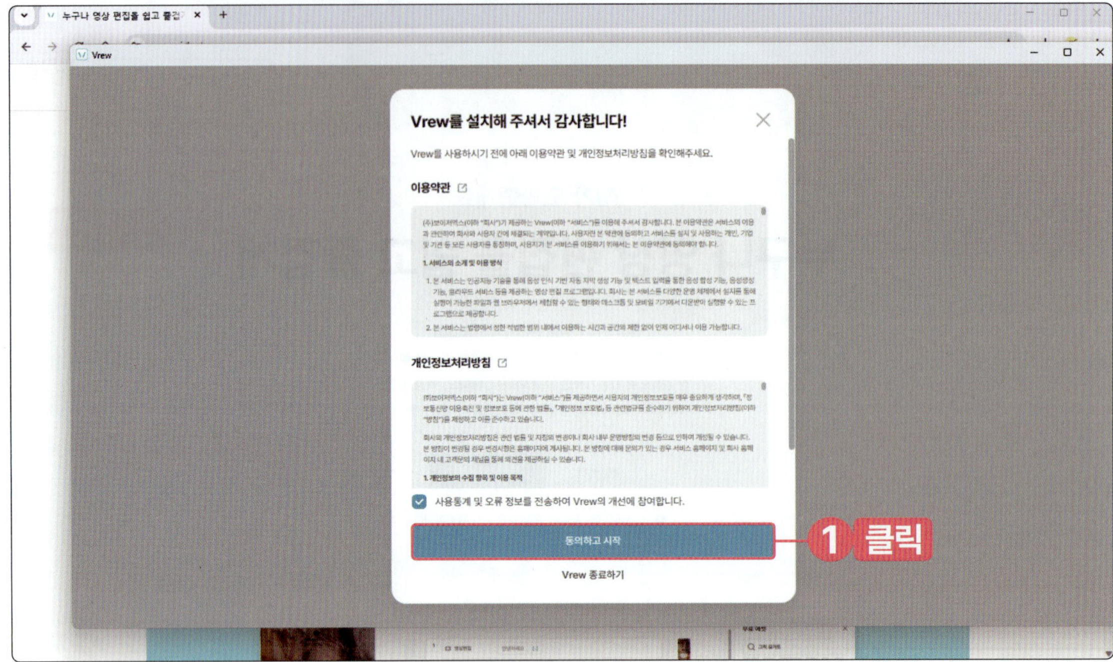

5 중앙 하단의 **[회원가입] 버튼을 클릭**합니다.

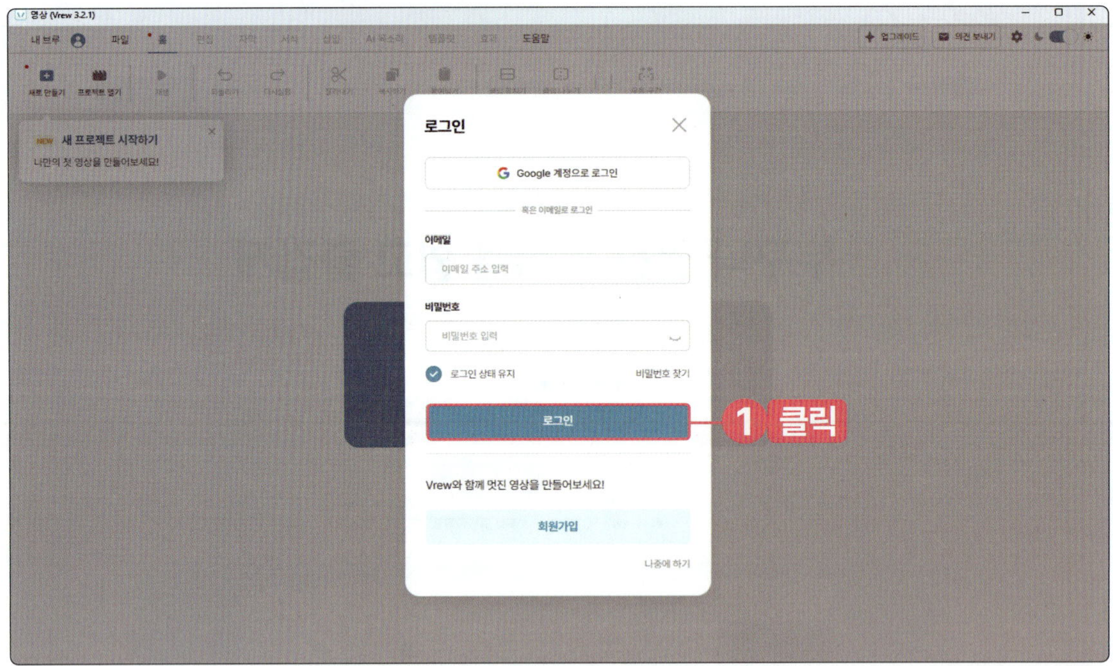

Tip

구글 계정이 있다면 [Google 계정으로 회원가입]을 클릭하여 가입해도 됩니다.

6 이름, 이메일, 비밀번호, 연령에 관련된 **내용을 입력**한 후 **[회원가입] 버튼을 클릭**합니다.

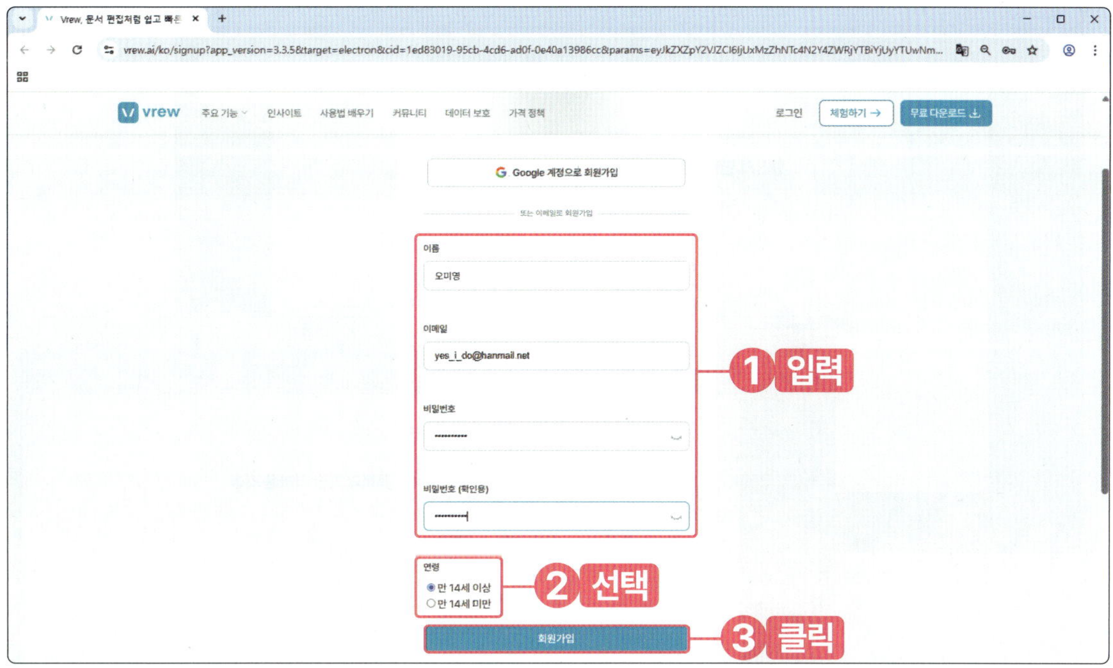

7 크롬 브라우저 상단에 Vrew을(를) 여시겠습니까?라는 창에서 **[Vrew열기] 버튼을 클릭**하여 Vrew를 실행합니다.

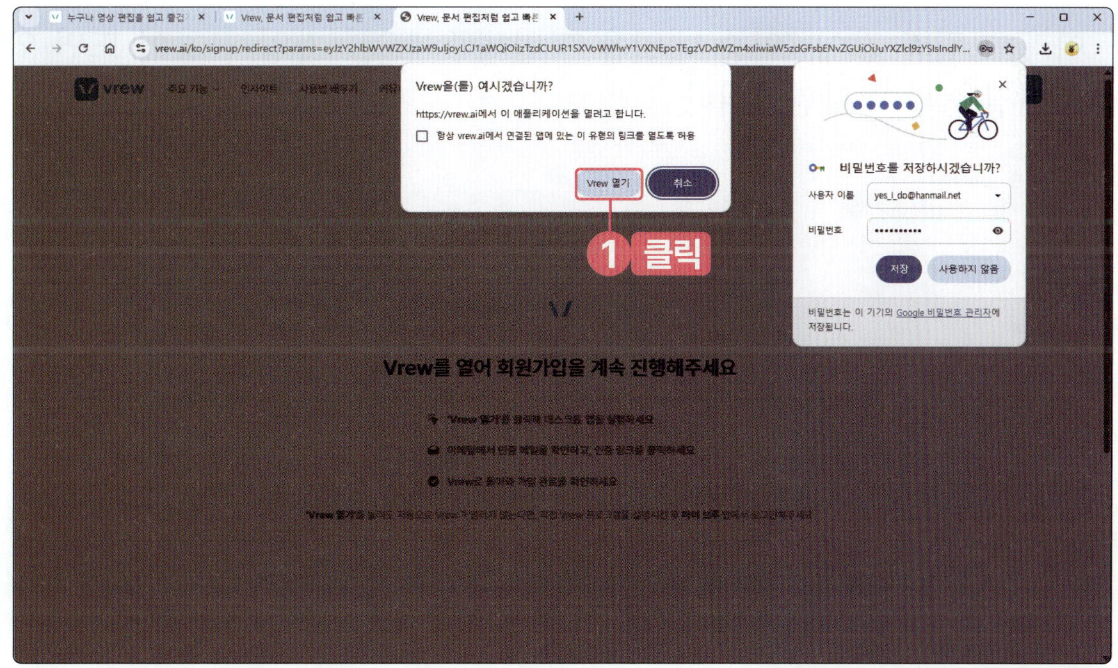

8 브루에서 아래와 같은 다양한 설문 화면은 **오른쪽 상단 닫기[X] 아이콘을 클릭**합니다.

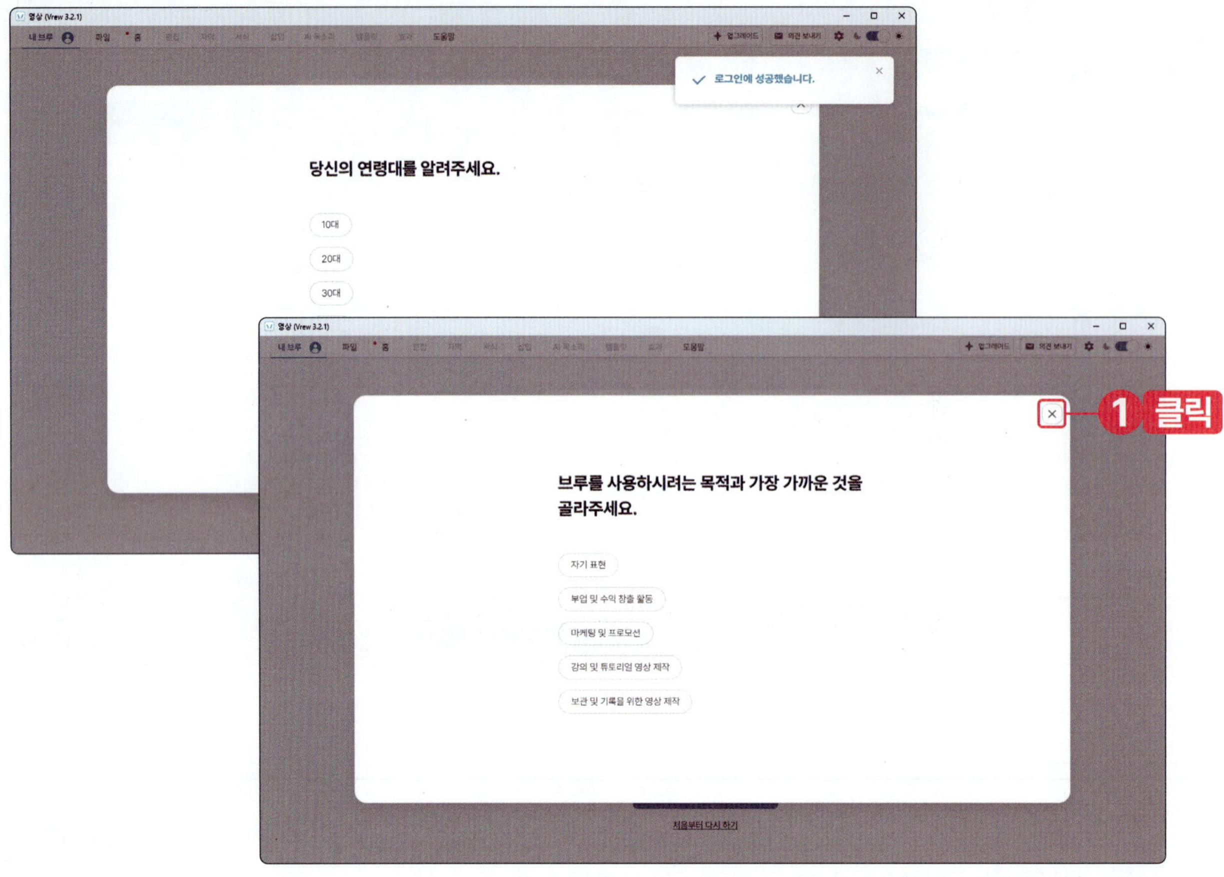

9 아래 그림과 같이 "인증 메일을 확인해주세요." 가입시 창이 뜨면 입력한 이메일을 열어 확인합니다.

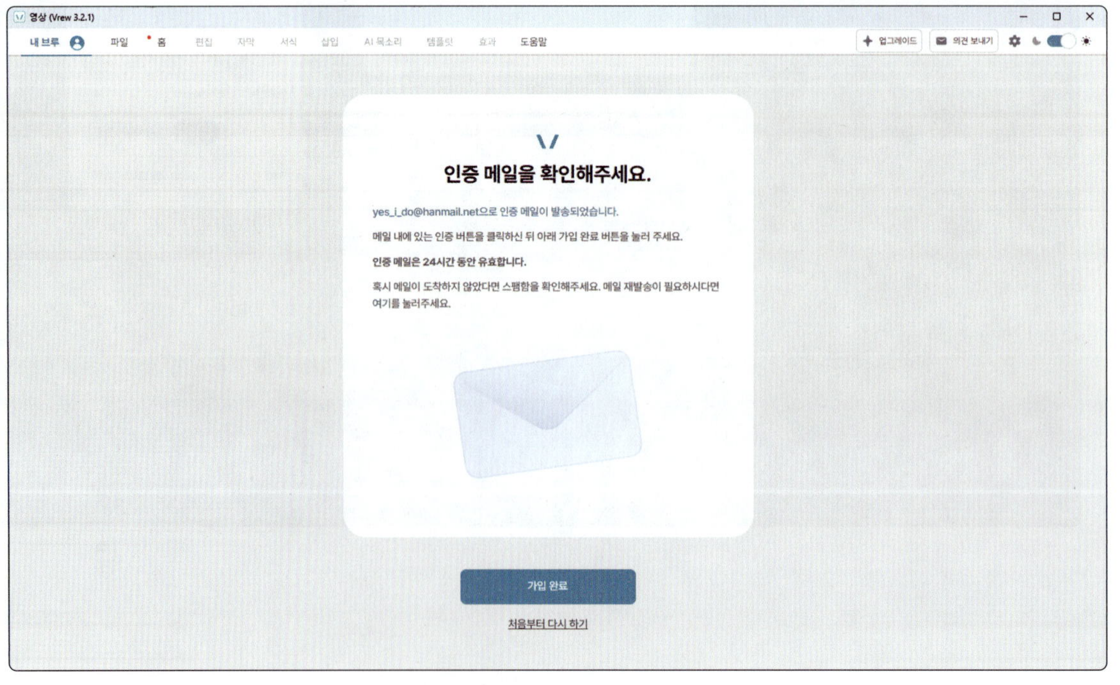

10 [Vrew] 회원 가입을 위한 인증 메일에서 **[메일 주소 인증하기]** 버튼을 클릭하여 회원가입을 완료합니다.

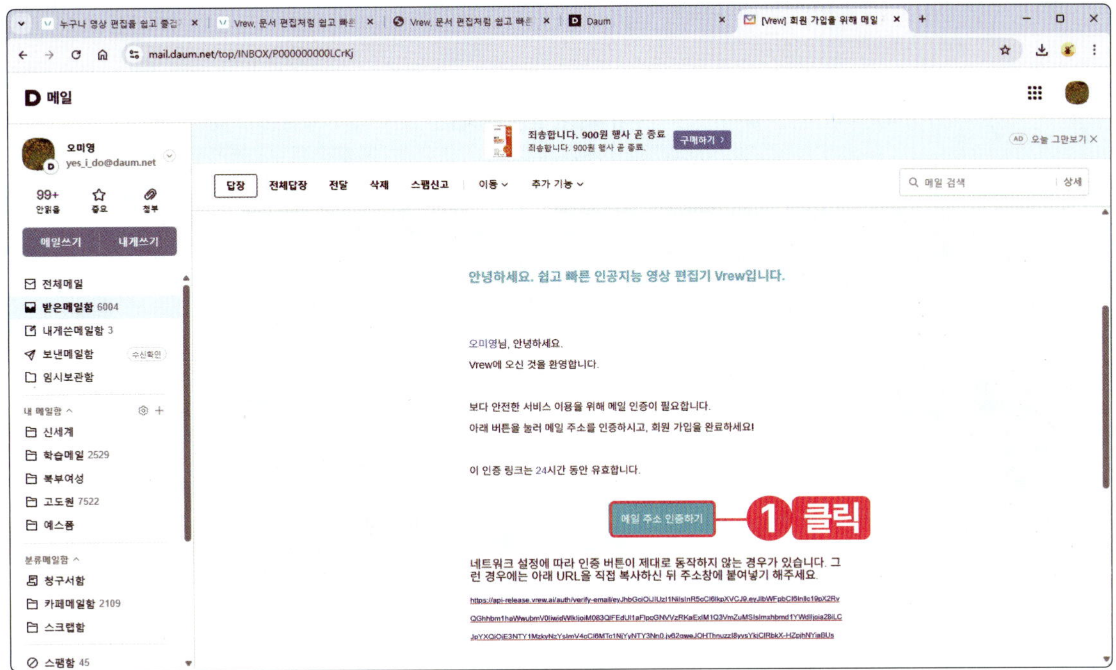

11 "Vrew에서 메일 인증이 완료되었습니다."라는 메시지 창이 뜨면 Vrew로 돌아갑니다.

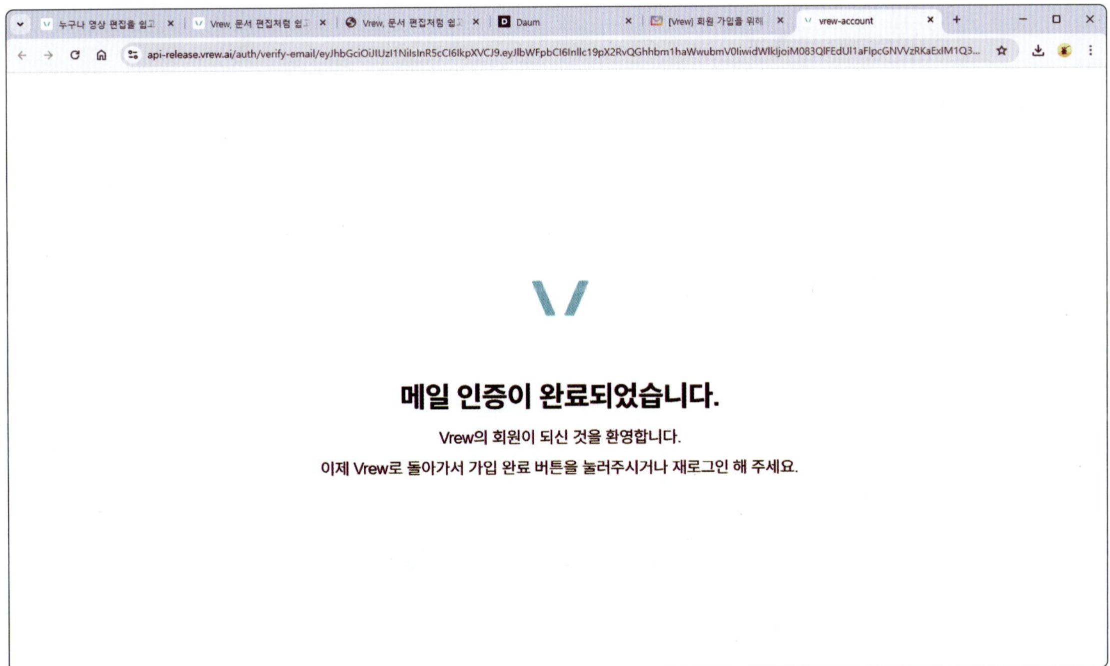

12 Vrew 앱에서 **[가입 완료] 버튼을 클릭**합니다.

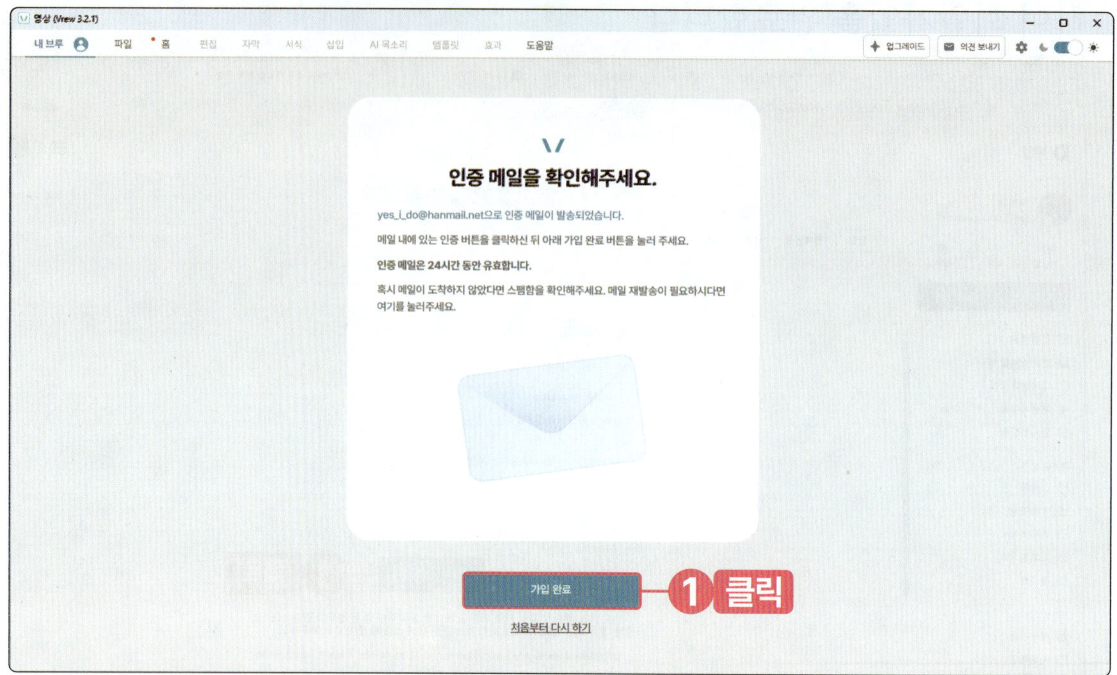

13 아래와 같이 로그인한 Vrew 화면이 보입니다.

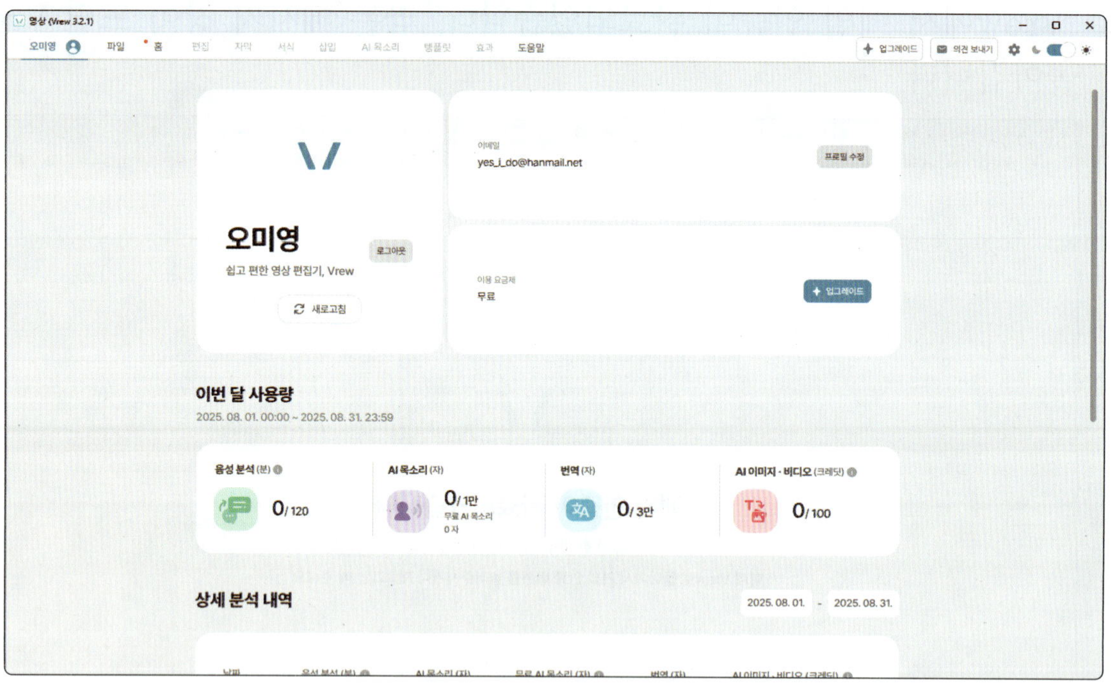

Step 02 편집 영역과 클립 살펴보기

1 편집 영역에 대한 화면을 살펴봅니다.

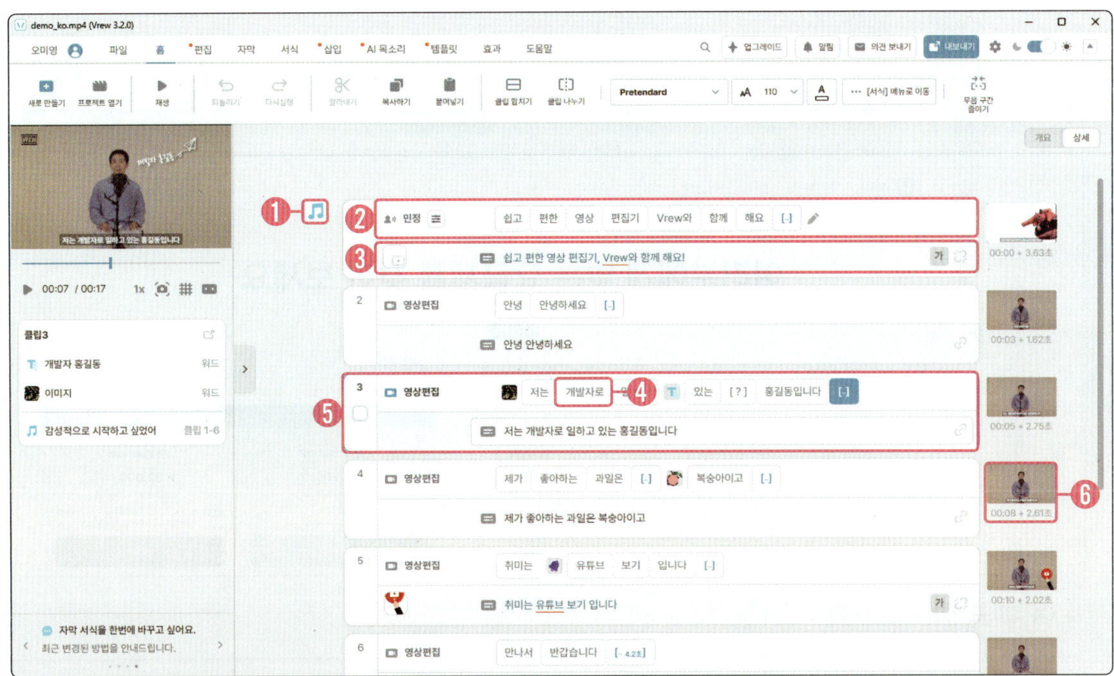

브루 주요 기능 설명

❶ 배경음악(BGM):영상 전체에 깔리는 음악입니다.

❷ 영상편집 줄(Video Timeline / 영상줄)
영상편집 줄은 클립 단위로 영상을 다루는 공간으로, 그 안에서 워드라 불리는 최소 단위의 텍스트 상자를 추가하거나 삭제하며 내용을 조정할 수 있는 편집 영역입니다.

❸ 자막편집 줄(Subtitle Timeline)
자막편집 줄은 클립 안에서 영상에 들어갈 자막의 내용과 위치를 직접 수정하거나 추가할 수 있는 영역입니다.

❹ 워드(Word)
영상 속에 들어가는 텍스트 요소를 말합니다.

❺ 클립(Clip)
영상 편집의 기본 단위. 하나의 씬(Scene) 안에서 사용되는 짧은 영상, 이미지, 오디오 조각을 뜻합니다. 클립을 이어 붙여 영상 전체를 구성합니다.

❻ 썸네일(Thumbnail)
브루의 썸네일은 각 클립을 대표하는 이미지로, 현재 클립의 길이와 미리보기 화면을 함께 확인할 수 있습니다.

브루 요금제 업그레이드

무료로 브루를 사용할 때 영상에 표시되는 워터마크를 삭제하려면 유료로 업그레이드 해야 합니다. 구매 방식은 월 구독, 연 구독, 기간 이용권으로 3가지가 있습니다. 연구독 방식이 좀 더 저렴합니다.

• 월 구독

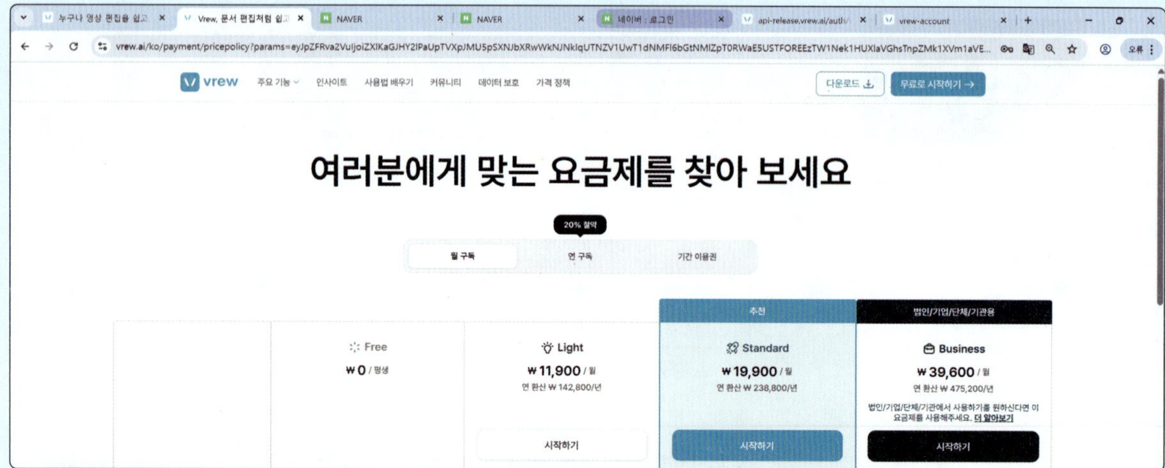

• 연 구독

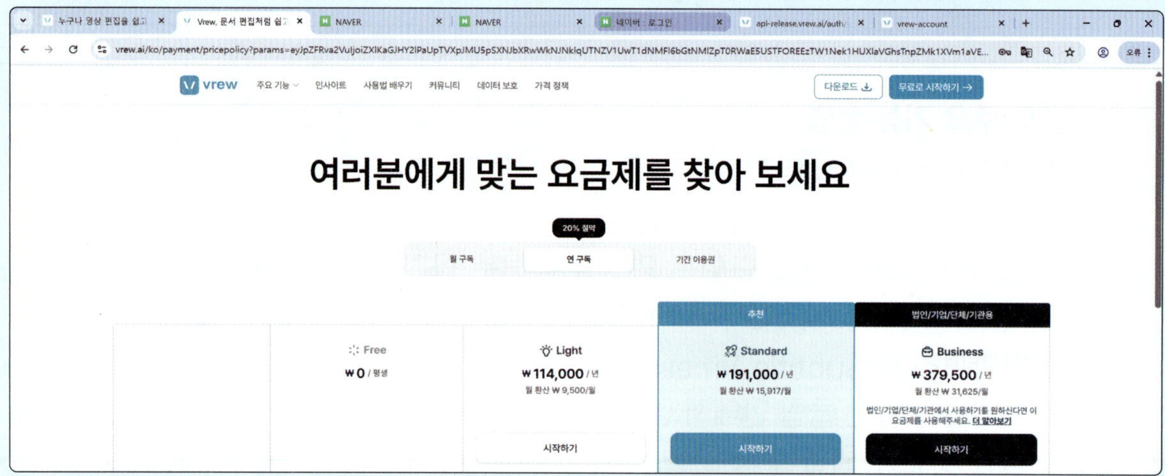

• 기간 이용권

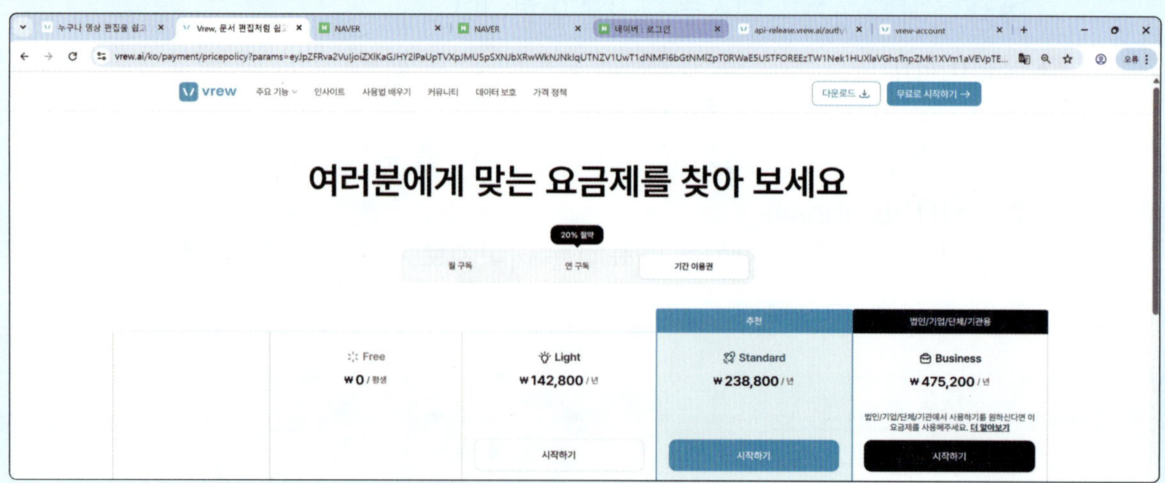

실전 연습 문제

01 다음 중 브루(Vrew)에 대한 설명으로 옳은 것을 고르세요.

① 브루는 자막을 수동으로 입력해야만 영상에 삽입할 수 있는 프로그램이다.

② 브루는 인공지능 기능 없이 단순한 영상 자르기만 가능한 편집 도구이다.

③ 브루는 음성을 자동으로 인식해 텍스트로 변환하고, 사용자가 원하는 컷에 자막을 붙일 수 있다.

④ 브루를 사용하려면 전문적인 영상 편집 기술이 반드시 필요하다.

02 다음은 브루의 화면 구성입니다. 화면 구성 요소의 이름을 적어 보세요.

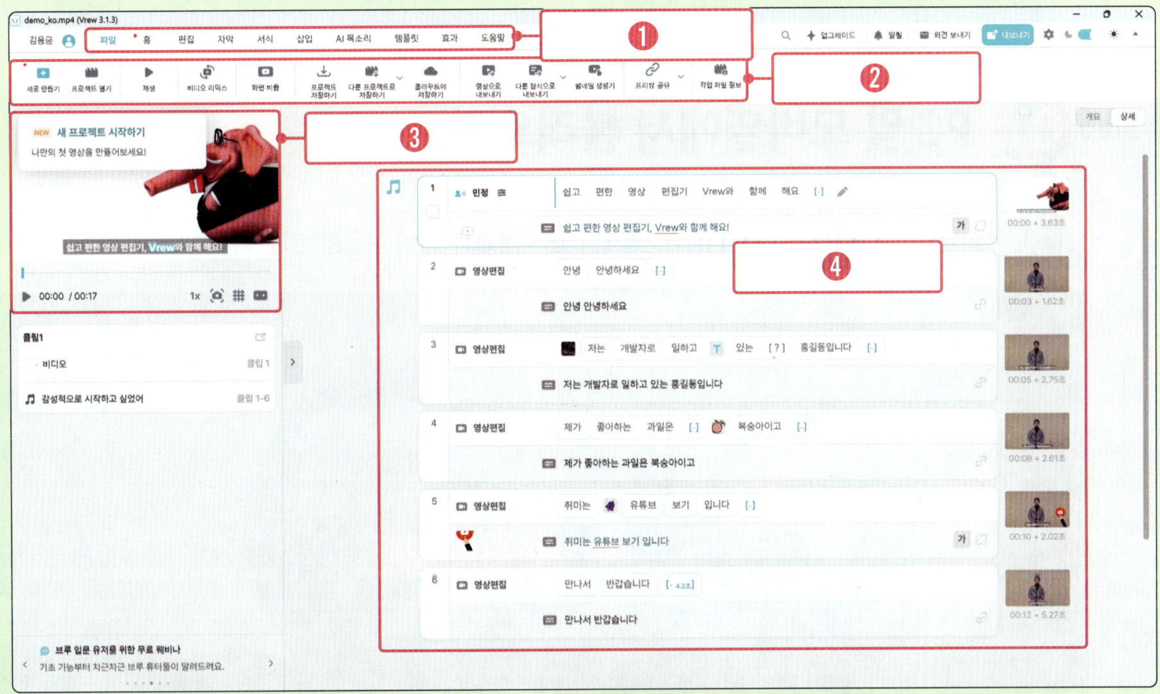

☞ **정답** 01.③ 02.①메뉴 표시줄 ②도구상자 ③재생 영역 ④편집 영역

이미지로 비디오 만들기

사진으로 간직한 추억을 이제 영상으로 만들어보세요. 브루(Vrew)를 활용하면 자막을 손쉽게 넣고, 감각적인 영상을 누구나 만들 수 있습니다. 이번 장에서는 PC나 스마트폰에서 이미지를 불러온 후, 자막을 입력하고 필요한 효과를 설정한 뒤 영상으로 저장하는 전 과정을 단계별로 안내하고, 따라만 하면 나만의 영상이 완성됩니다.

Step 01 PC 및 모바일에서 불러오기

1 바탕 화면에서 **Vrew 아이콘을 더블 클릭**하여 실행합니다.

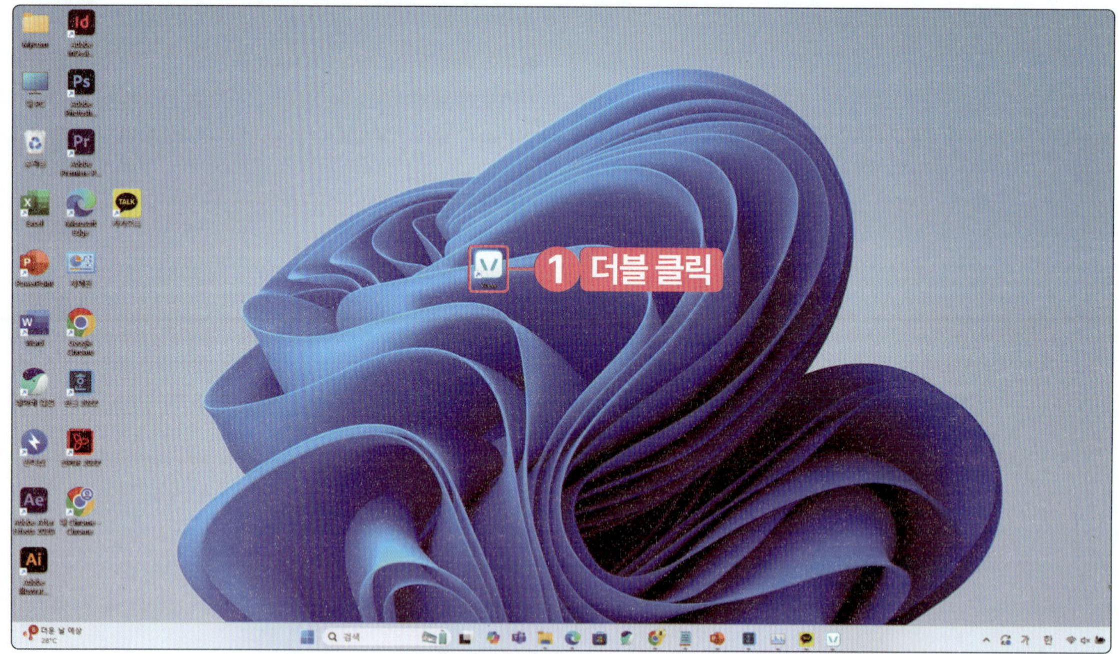

2 로그인 화면에서 Google 계정 또는 이메일로 로그인합니다.

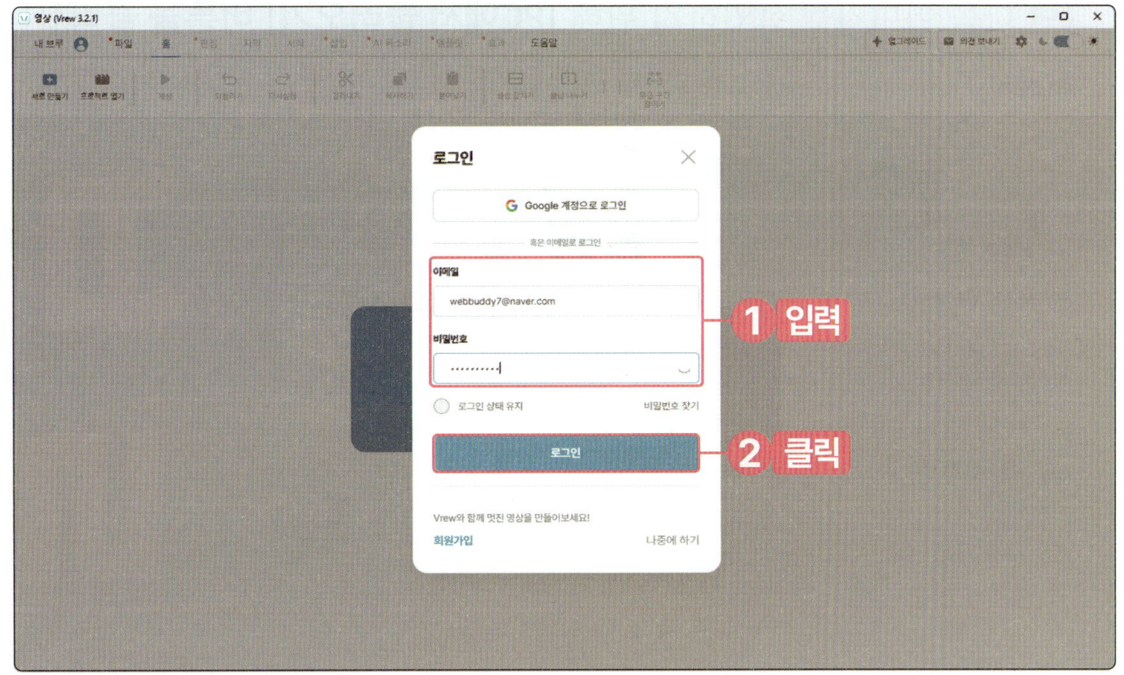

3 이제 새로운 영상 파일을 만들기 위해 **[새로 만들기] 버튼을 클릭**합니다.

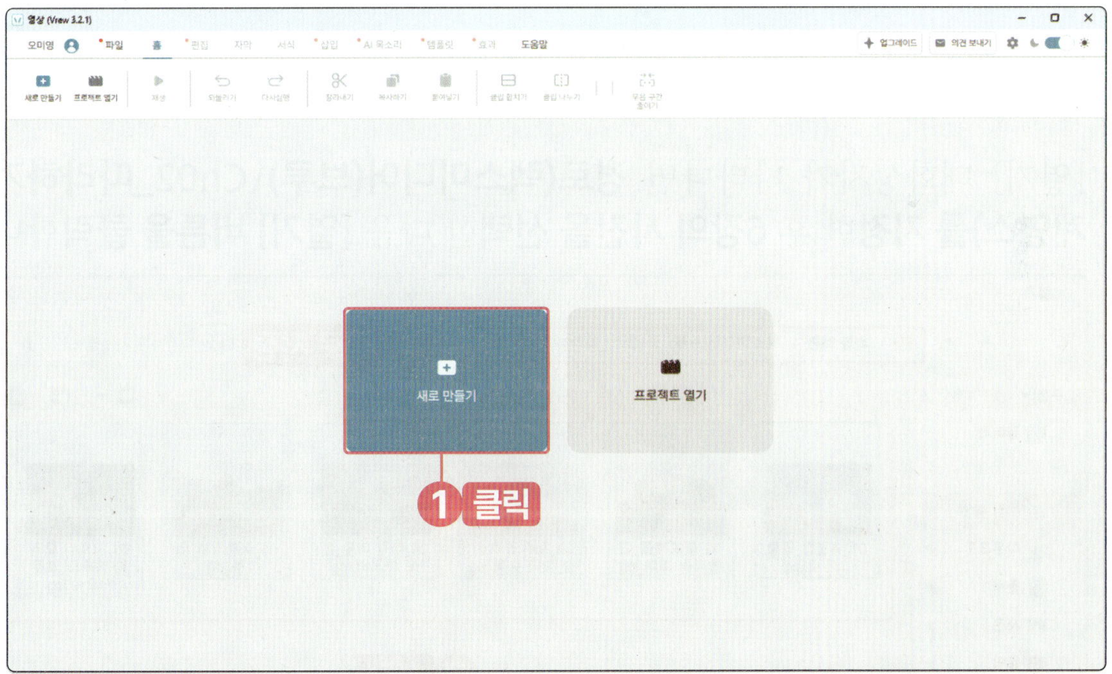

4 [새로 만들기] 창이 나타나면 **[이미지로 비디오 만들기]를 클릭**합니다. 그런 다음 이미지를 삽입하기 위해 **[PC에서 불러오기] 버튼을 클릭**합니다.

5 [열기] 대화상자가 나타나면 **경로(렉스미디어(브루)\Ch02_따라하기_세계명소)를 지정**한 후 **6장의 사진을 선택**한 다음 **[열기] 버튼을 클릭**합니다.

6 다음과 같이 이미지가 추가되면 이 중에서 5번 사진을 삭제하기 위해 **5번 사진을 선택**한 후 **[삭제]를 클릭**합니다. 그런 다음 **[다음] 버튼을 클릭**합니다.

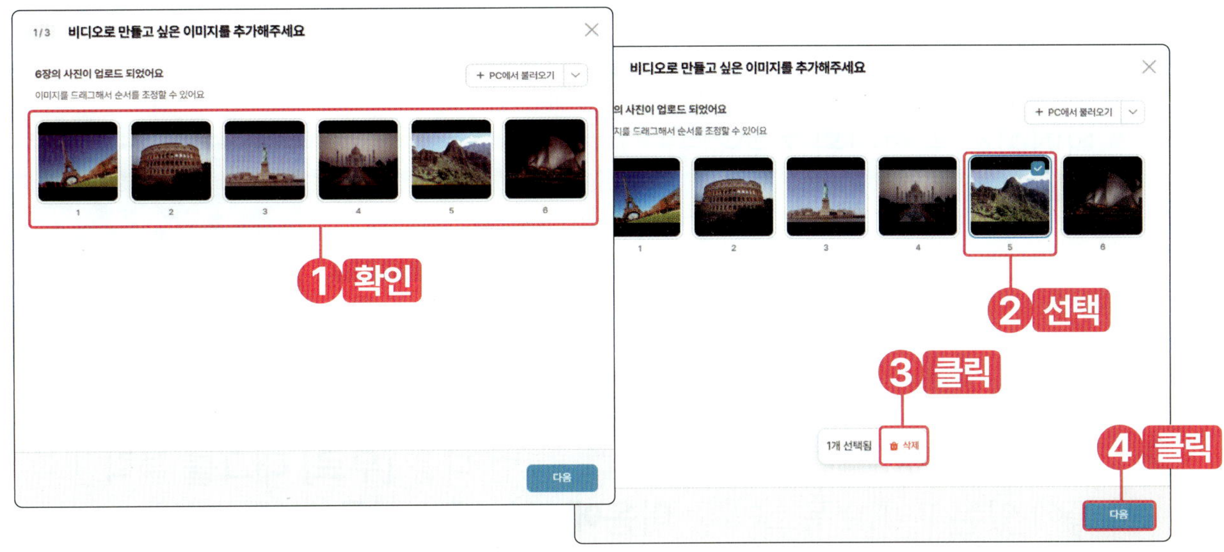

Tip

이미지를 드래그해서 순서를 변경하거나 [PC에서 불러오기] 버튼을 클릭하여 추가로 사진을 가져올 수도 있습니다.

Step 02 자막 입력하기

1 "자막을 입력하세요"에서는 각 사진에 대한 **설명을 입력**한 후 **[다음] 버튼을 클릭**합니다.

"01_에펠탑_프랑스파리"사진 자막은 "프랑스 파리의 에펠탑"
"02_콜로세움_이탈리아 로마"사진의 자막은 "이탈리아 로마의 콜로세움"
"03_자유의 여신상_미국 뉴욕"사진의 자막은 "미국 뉴욕의 자유의 여신상"
"04_타지 마할_인도 아그라"사진의 자막은 "인도 아그라의 타지마할"
"05_시드니 오페라 하우스_호주 시드니"사진의 자막은 "호주 시드니의 오페라 하우스"

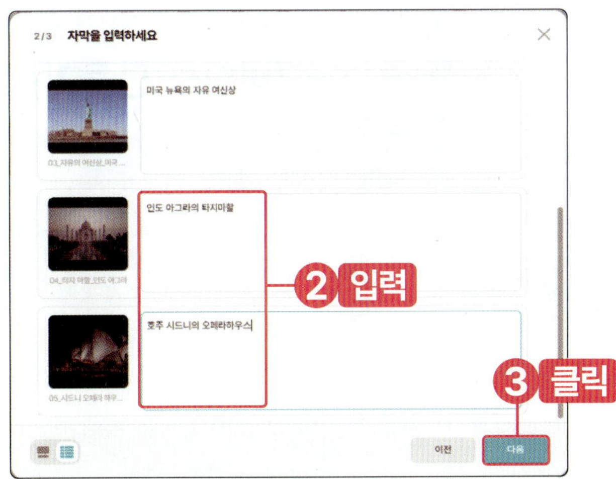

Step 03 영상에 필요한 요소 설정

1 영상에 필요한 요소들을 설정합니다. 화면 비율, 채우기 옵션, 자동 애니메이션은 설정된 기본값을 그대로 사용합니다.

2 **AI 목소리에서 필터를 클릭**합니다. 그런 다음 **[무료] 태그를 클릭**한 후 오른쪽에 있는 FREE 목소리 중 **마음에 드는 목소리를 선택**합니다.

Tip

교재에서는 "가영"을 선택하여 진행했습니다.

3 AI목소리 가영이 선택 되었으면, 오른쪽 하단의 **[비디오 만들기] 버튼을 클릭**합니다.

4 "이미지를 비디오로 만들고 있어요" 화면이 표시되면 5장의 사진을 비디오로 생성하고 있는 중입니다.

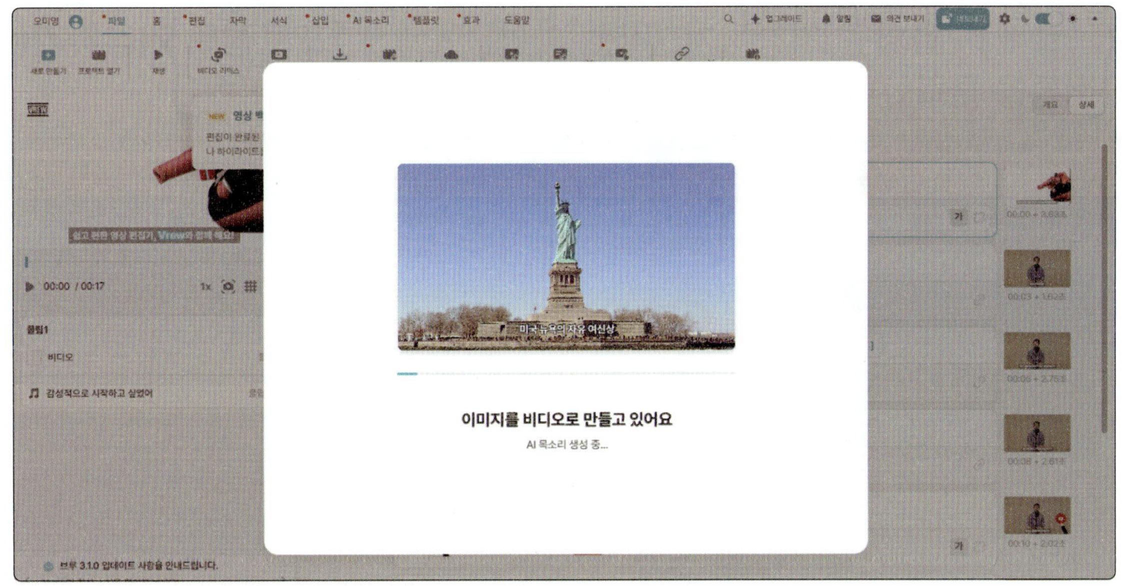

5 비디오가 만들어 지면, [홈] 탭에서 **재생(▶) 버튼을 클릭**하여 완성된 영상을 확인합니다.

Step 04 프로젝트 저장 및 영상 내보내기

1 프로젝트 파일을 저장하기 위해 [파일] 탭에서 **[프로젝트 저장하기(⬇)] 버튼을 클릭**합니다.

2 [프로젝트 파일 저장 경로] 대화상자가 나타나면 프로젝트 파일을 저장할 **경로(렉스미디어_브루\세계명소)를 지정**한 후 **파일 이름 "세계명소"를 입력**한 다음 **[저장] 버튼을 클릭**합니다.

3 영상을 내보내기 위해 오른쪽 상단의 **[내보내기] 버튼을 클릭**한 후 내보내기 형식을 **[영상 파일(mp4)]을 클릭**합니다.

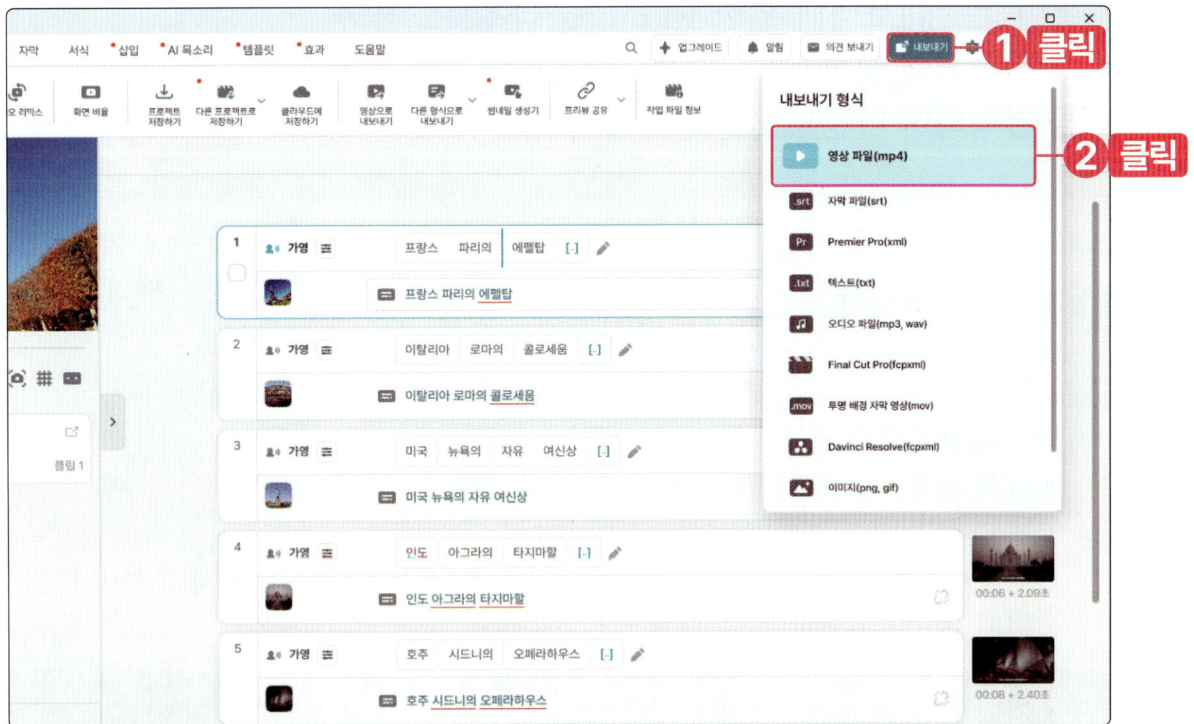

4 [동영상 내보내기] 창이 나타나면 대상 클립을 **[모든씬, 모든 클립]을 선택**한 후 해상도는 **원본(1920×1080)**, 내보내기 설정은 **[개선된 내보내기 사용]을 선택**한 다음 **[내보내기] 버튼을 클릭**합니다.

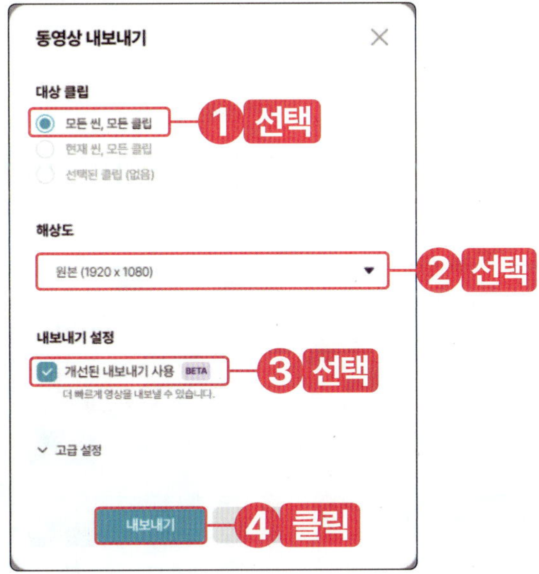

5 브루를 설치하고 처음으로 동영상 내보내기를 실행하면 아래 그림과 같이 확인창이 나타납니다. 동영상을 내보내기 위한 FFmpeg 다운로드가 필요합니다. 진행하시겠습니까?라고 하면 **[예] 버튼을 클릭**하여 다운로드를 진행합니다.

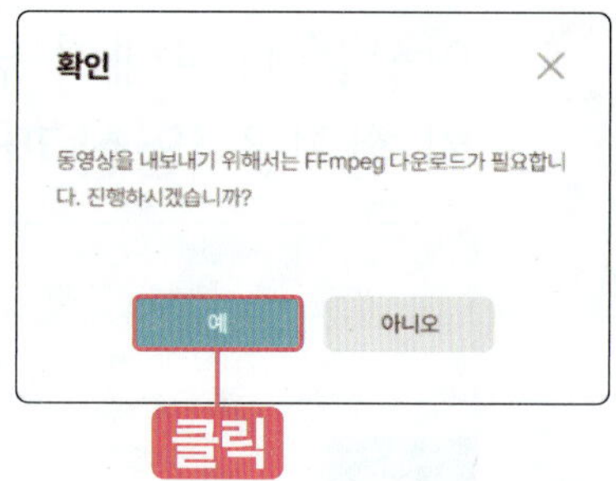

Tip

FFmpeg(에프에프엠펙)은 오디오와 비디오를 처리하는 데 널리 사용되는 무료 오픈소스 소프트웨어입니다. 영상 편집, 변환, 스트리밍, 녹화 등 다양한 작업을 명령어 기반으로 수행할 수 있는 강력한 도구입니다.

FFmpeg의 주요 기능

- **형식 변환(Convert)** : 예: .mp4 → .avi, .wav → .mp3
  거의 모든 미디어 포맷을 서로 변환할 수 있음
- **영상/오디오 추출 및 병합** : 영상에서 오디오만 추출하거나, 영상과 자막 또는 오디오를 하나로 합치는 작업 가능
- **화면 녹화 및 스트리밍** : 데스크탑 녹화, 실시간 방송(라이브 스트리밍)에도 사용됨.
- **자막 삽입 및 제거** : 영상에 자막을 입히거나(.srt 파일 삽입), 제거 가능
- **영상 편집** : 자르기, 회전, 크기 조절, 프레임 추출, 필터 적용 등 다양한 편집 가능

FFmpeg의 특징

명령어 기반으로 GUI(그래픽 사용자 인터페이스)는 없지만, 속도와 유연성이 뛰어나며, 프로그램 내부 엔진으로도 자주 쓰여서, 브루(Vrew), OBS Studio, Adobe Premiere 등에서 백엔드로 활용되기도 함

6 오른쪽 상단에 FFmpeg를 다운로드 중입니다. 100%가 완료되면 자동으로 다운로드와 설치가 완료됩니다.

7 [영상으로 내보내기(.mp4)] 대화상자가 나타나면 **경로(렉스미디어_브루\세계명소)를 지정**한 후 **파일 이름을 "세계명소"로 입력**한 다음 **[저장] 버튼을 클릭**합니다.

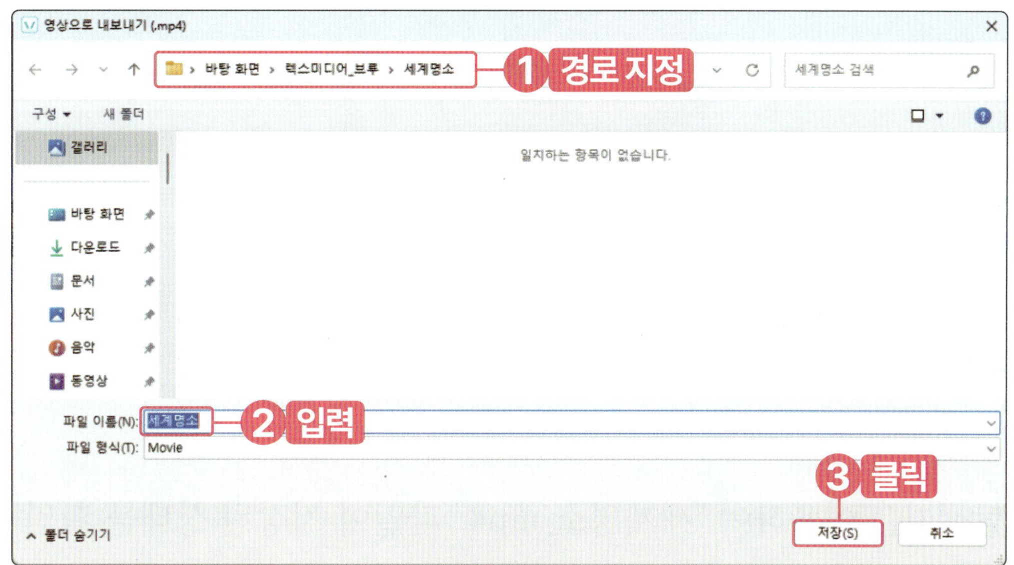

8 오른쪽 하단에 영상을 출력하고 있는 진행 사항을 확인할 수 있습니다.

9 영상 출력이 완료되면 [내보내기 완료] 창이 나타나며, **[폴더열기] 버튼을 클릭**합니다.

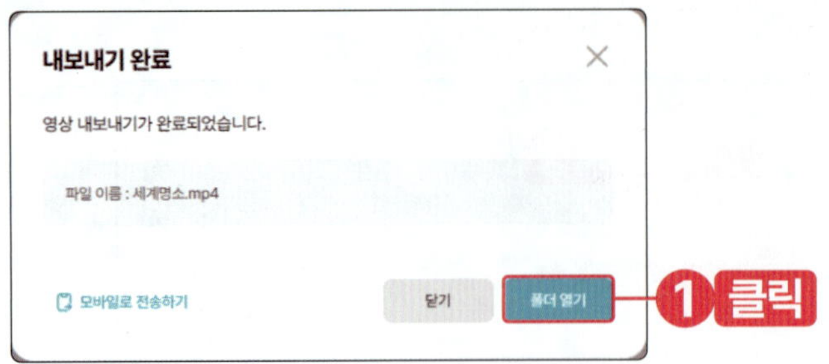

Tip

왼쪽 하단의 [모바일로 전송하기] 버튼을 클릭한 후 QR코드를 스캔하여 스마트폰으로 영상 파일을 보낼 수도 있습니다.

10 파일 탐색기를 이용하여 "세계명소.mp4" 파일이 저장된 상태를 확인 할 수 있습니다.

실전 연습 문제

01 [Ch02_실전연습문제_강아지] 폴더에 있는 강아지 사진 5장을 불러와 [이미지로 비디오 만들기]를 해보세요.

- **지시사항** : 화면비율은 9:16, 채우기 옵션은 비율 유지하며 채우기, AI 목소리는 태훈
- **자막내용** : 사진 순서대로 다음과 같은 자막을 입력하세요. (말티즈, 포메리안, 요크셔테리어, 치와와, 웰시코기)

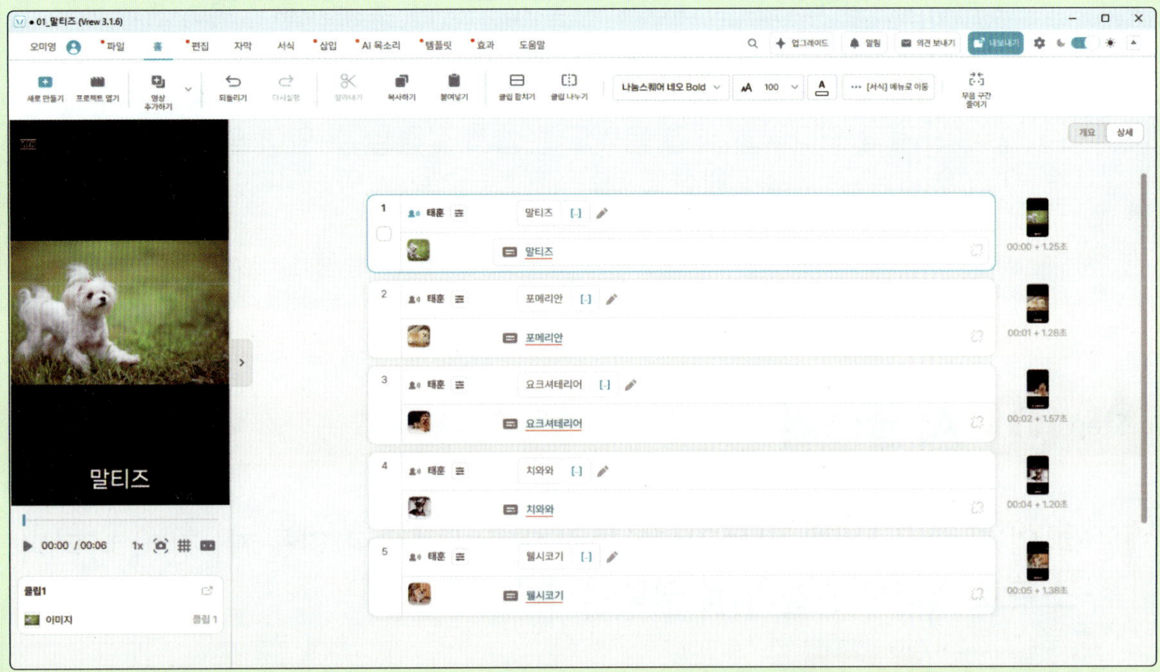

02 프로젝트 저장한 후 내보내기를 해보세요.

- **프로젝트 저장** : 강아지.vrew
- **내보내기** : 강아지.mp4

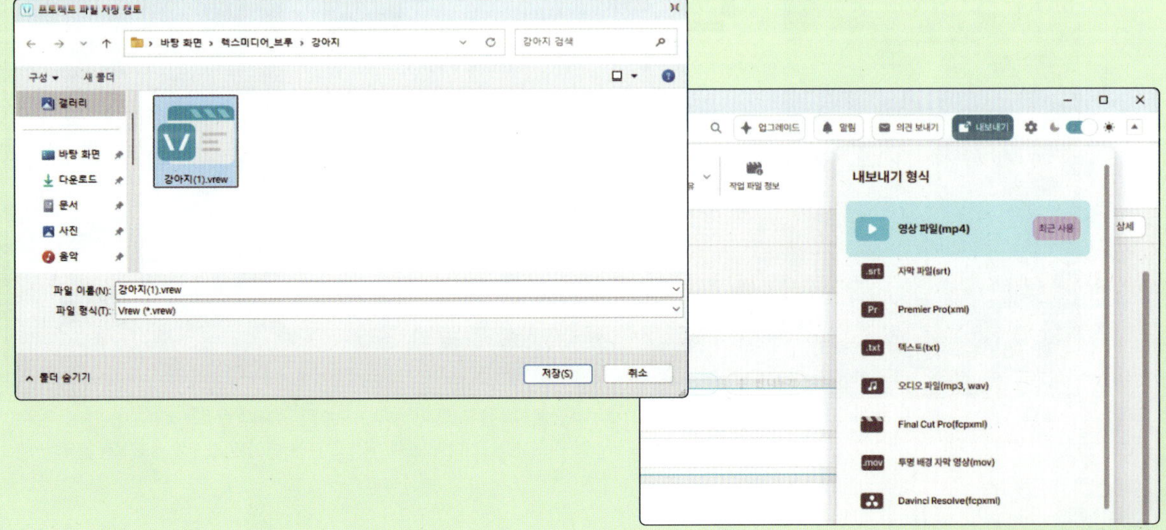

텍스트로 비디오 만들기(1)

브루(Vrew)의 '텍스트로 비디오 만들기' 기능은 주제어를 입력하면 자동으로 원고와 영상이 만들어지는 AI 기반 편집 기능입니다. 사용자는 원고를 수정하고, 각 장면에 맞는 이미지나 배경을 선택한 뒤 AI 음성을 적용할 수 있습니다. 자막 스타일과 배경 음악도 손쉽게 설정할 수 있어 영상 편집 경험이 없어도 누구나 쉽게 완성도 높은 영상을 만들 수 있습니다.

Step 01 AI 글쓰기

1 파일 탭에서 **[새로 만들기]를 클릭**합니다. [새로 만들기] 창이 나타나면 **[텍스트로 비디오 만들기]를 클릭**합니다.

2 원하는 비디오 스타일을 선택합니다. 추천 비디오 스타일 중에 **[정보 전달 스타일]을 선택**한 후 **[다음] 버튼을 클릭**합니다.

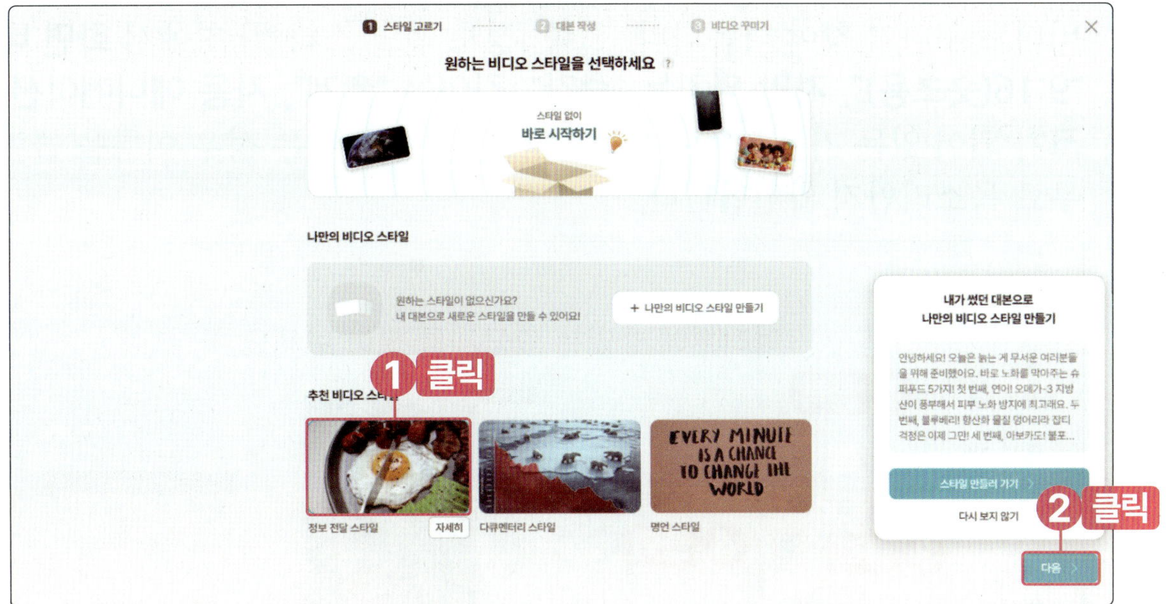

3 [정보 전달 스타일] 창에서 주제는 **"노화를 늦추는 슈퍼푸드 5가지"라고 입력**한 후 글자 수를 300자로 지정한 다음 하단의 **[AI글쓰기] 버튼을 클릭**합니다. 오른쪽에 대본이 작성되면 하단에 **[다음] 버튼을 클릭**합니다.

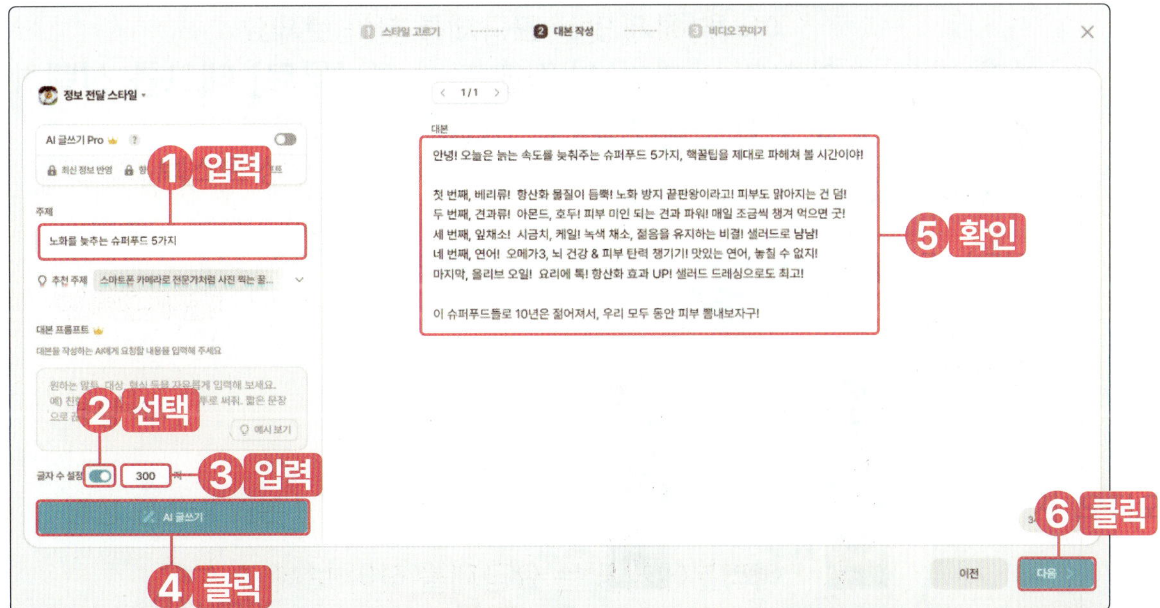

Step 02 비디오 꾸미기

1 비디오 꾸미기 창이 나옵니다. 왼쪽 [정보 전달 스타일] 창에서 **화면 비율은 "9:16(숏츠용)", 자막 위치는 "중간", 길이는 "짧게", 자동 애니메이션은 체크**가 되어 있는 기본값으로 설정합니다. AI 목소리는 성우 이름을 클릭하여 무료 목소리인지 확인합니다.

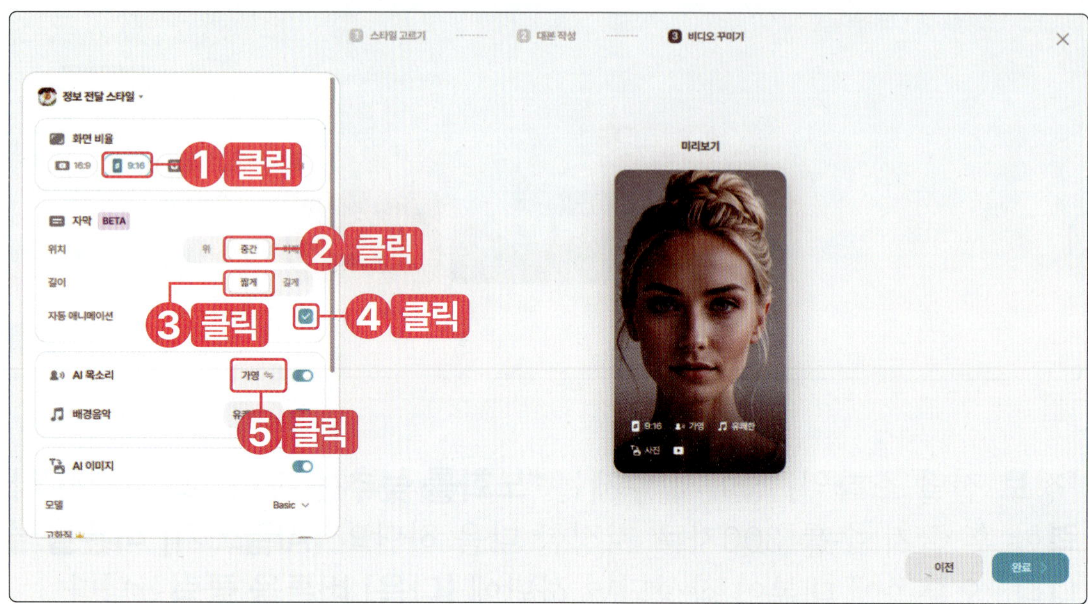

2 아래와 같은 그림으로 바뀌면 왼쪽에 필터 중 **[무료] 태그를 선택**합니다. 오른쪽 AI 목소리 중 **마음에 드는 목소리를 선택**합니다.

3 이번에는 배경음악을 클릭하여 6가지(활기찬, 감성적인, 유쾌한, 잔잔한, 무서운, 랜덤) 중에 **마음에 드는 음악을 선택**합니다. 여기에서는 "유쾌한"을 클릭합니다.

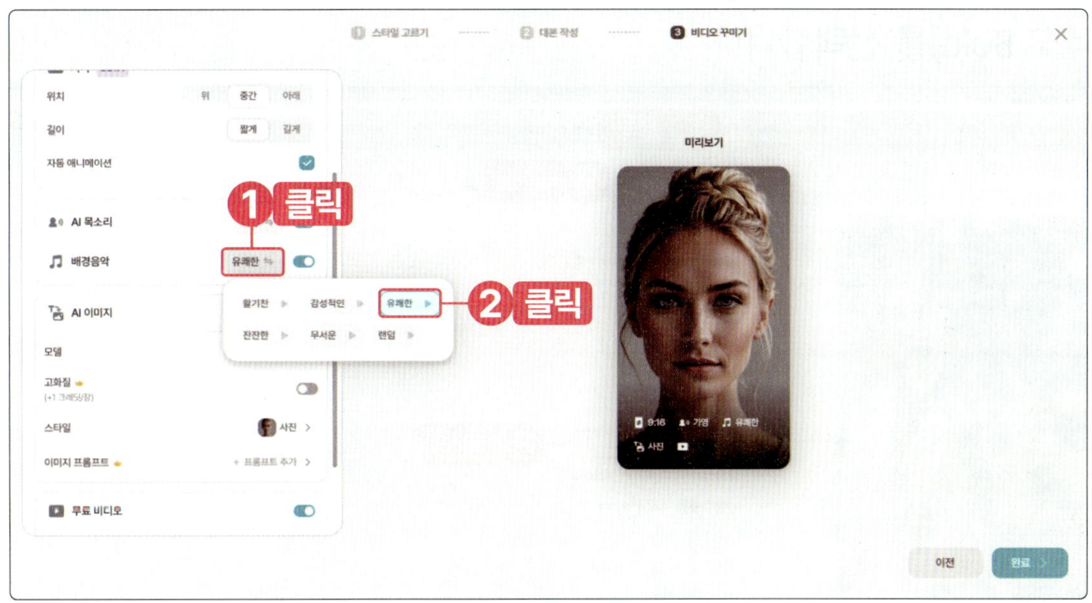

4 [AI 이미지] 항목과 [무료 비디오] 항목은 기본값으로 선택한 상태로 두고 오른쪽 하단의 **[완료] 버튼을 클릭**합니다.

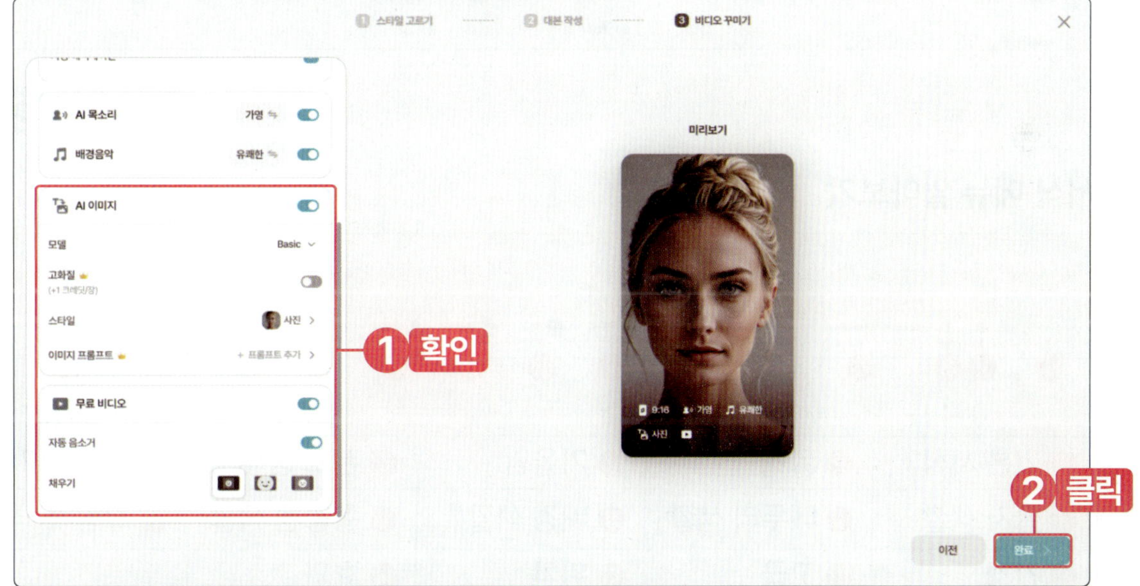

5 [확인] 창이 나타나면 **[확인] 버튼을 클릭**합니다.

6 AI 목소리가 대본을 읽고 있으면 잠시 기다립니다.

Step 03 자막 서식 변경하기

1 글자 폰트를 변경하기 위해서 [서식] 메뉴에서 무료 폰트 중에 **[나눔스퀘어 네오 Bold]를 선택**합니다.

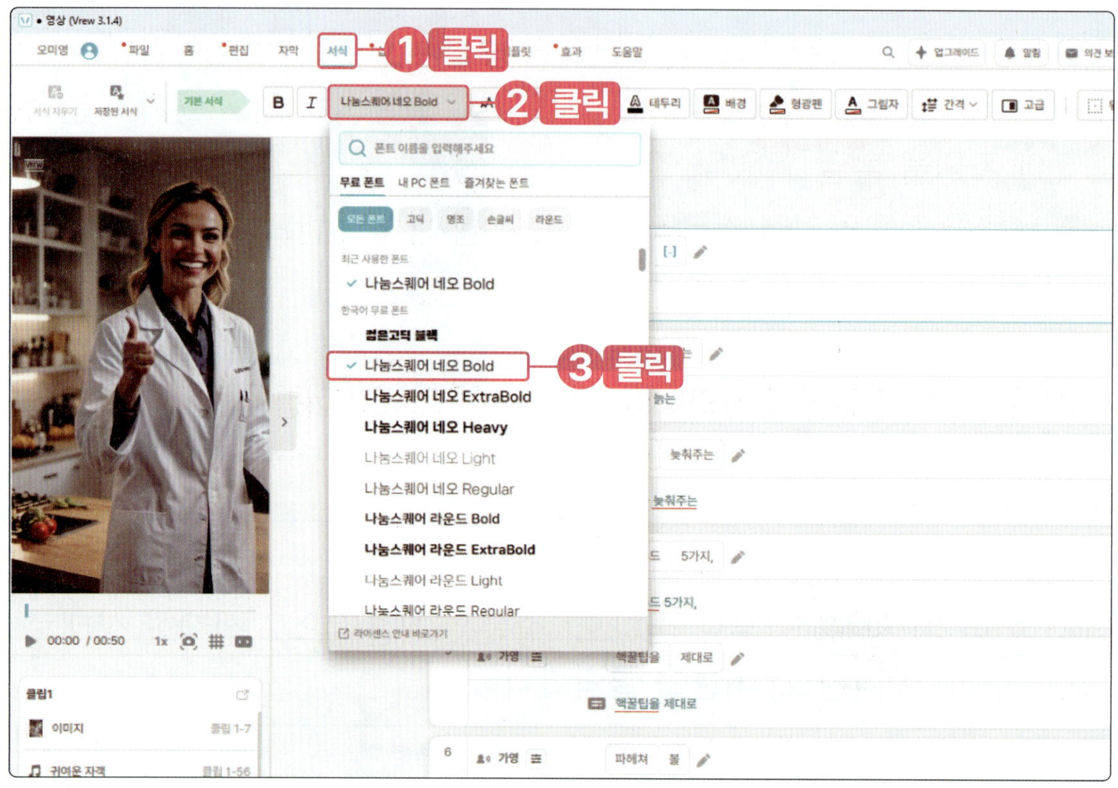

서식 메뉴 알아보기

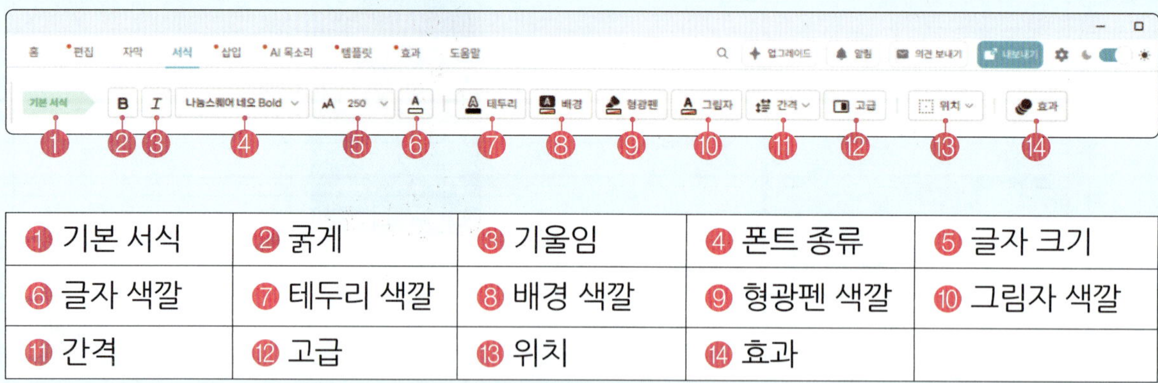

❶ 기본 서식	❷ 굵게	❸ 기울임	❹ 폰트 종류	❺ 글자 크기
❻ 글자 색깔	❼ 테두리 색깔	❽ 배경 색깔	❾ 형광펜 색깔	❿ 그림자 색깔
⓫ 간격	⓬ 고급	⓭ 위치	⓮ 효과	

[기본 서식] 상태에서 서식을 변경해야 모든 클립에 서식이 일괄 적용됩니다.

2 [서식] 메뉴에서 [간격] 항목은 자막의 글자 간격과 줄 간격을 수정해서 사용할 수 있습니다.

3 [서식] 메뉴에서 [위치] 항목은 자막의 좌우와 상하의 위치를 지정할 수 있습니다.

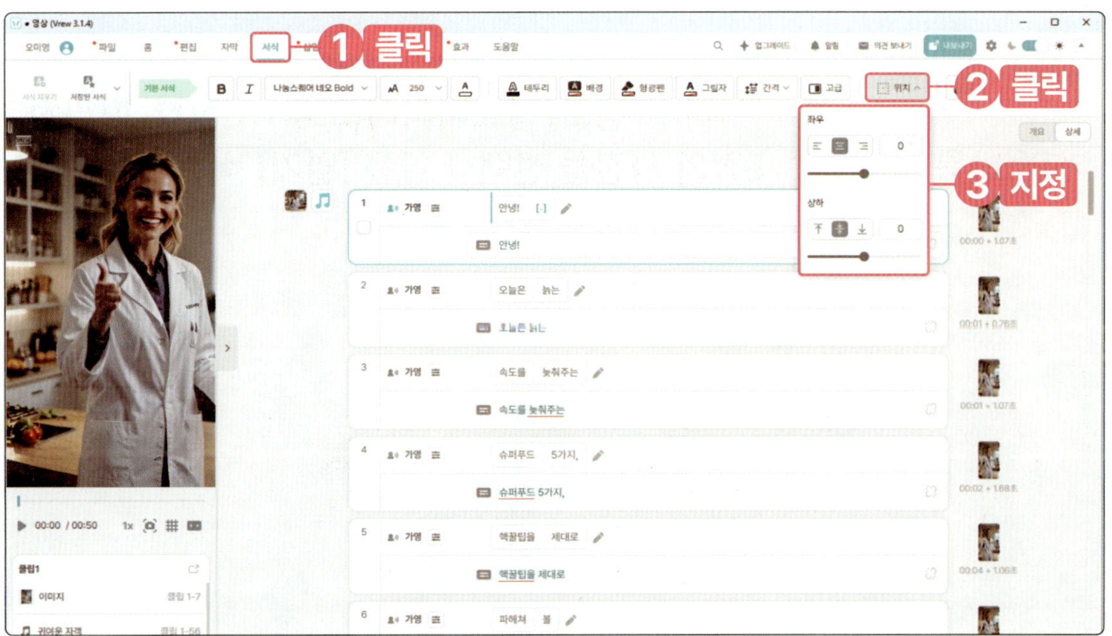

4 [서식] 메뉴의 [효과] 항목에서 자막에 애니메이션 효과를 적용할 수 있습니다.

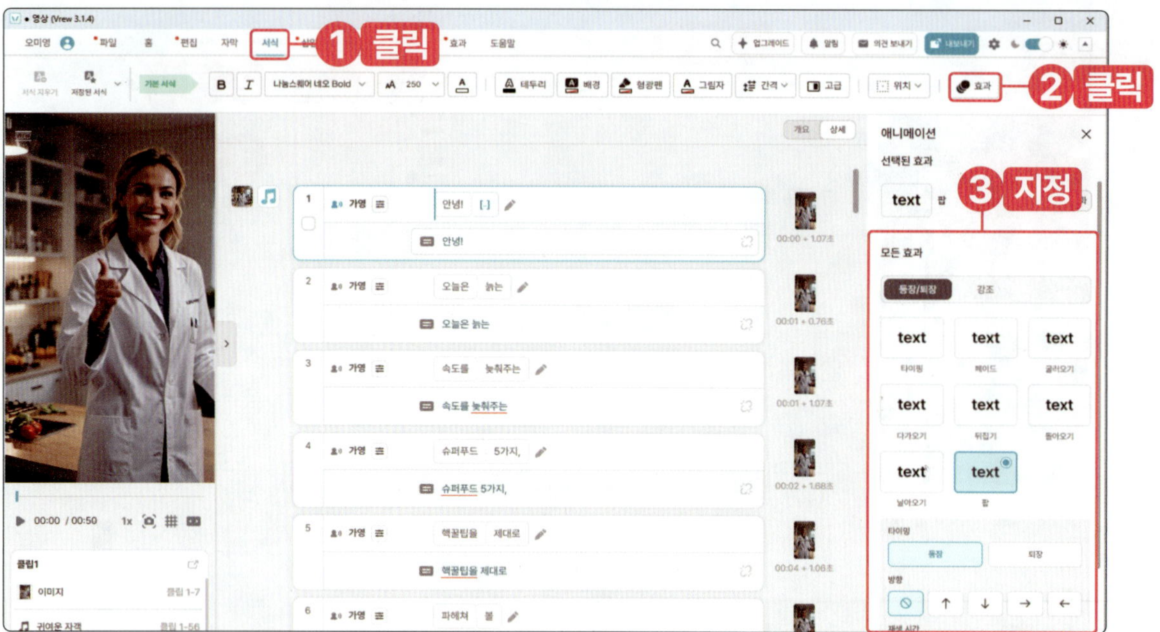

Step 04 클립 합치기, 클립 나누기, 빈 클립 삭제하기

1 2번 클립(오늘은 늙는), 3번 클립(속도를 늦춰주는)을 하나로 합치기 위해 **두 클립을 선택**한 후 [편집] 메뉴의 **[클립 합치기(⊟)]를 클릭**하여 병합합니다.

Tip

AI 글쓰기에 따라 내용이 다를 수 있습니다.

01. 클립(Clip) 이란?

클립(Clip)은 영상 편집에서 하나의 짧은 영상, 사진, 오디오 등을 의미하는 기본 단위입니다. 예를 들어 여행 영상 중 바닷가 장면만 잘라낸 10초짜리 영상이나 사진 한 장도 하나의 클립으로 간주됩니다. 클립은 자르기, 붙이기, 삭제, 이동이 가능하며, 여러 클립을 이어 붙이면 하나의 영상이 완성됩니다. 브루에서는 문장마다 자막 클립이 자동으로 나뉘며, 각 클립에 자막, 효과, 전환 등을 개별적으로 적용할 수 있습니다.

02. 클립의 구성

클립은 두 줄로 구성되어 있습니다.
첫 번째 줄은 영상 편집 줄로, 영상과 영상에 포함된 음성이 함께 표시됩니다.
두 번째 줄은 자막 편집 줄로, 자막 내용을 편집할 수 있는 영역입니다.
영상 편집 줄은 일반적인 영상 편집 프로그램에서 사용하는 타임라인과 유사한 구조입니다.

2 다음과 같이 두 개의 클립이 하나의 클립(오늘은 늙는 속도를 늦춰주는)으로 합쳐집니다.

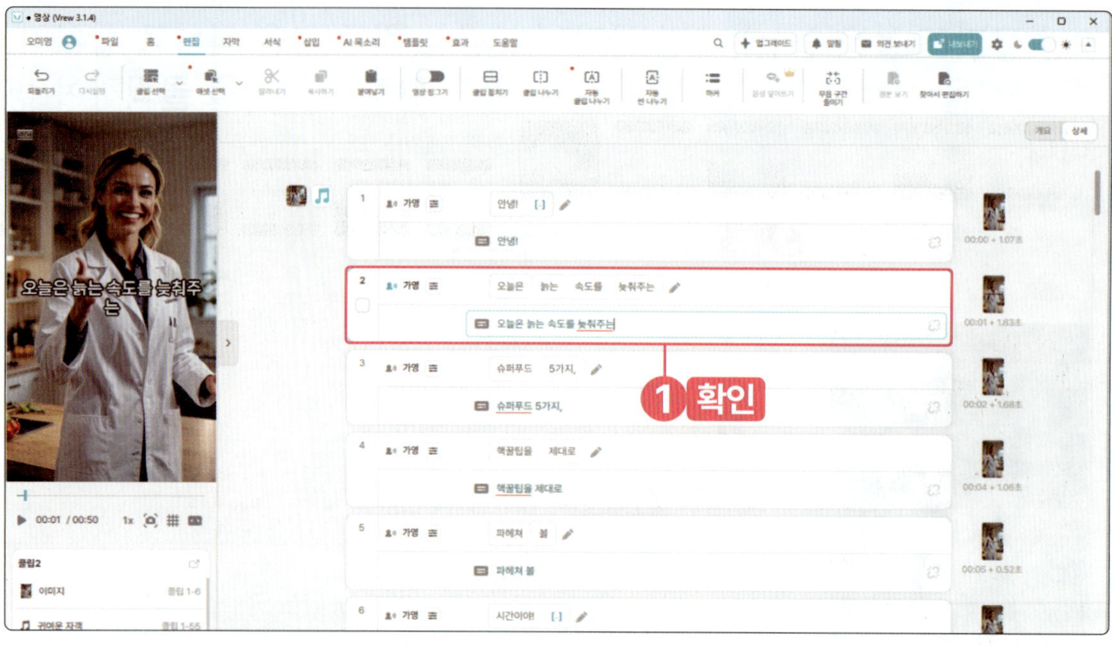

3 **2번 클립을 체크**한 후 [편집] 탭의 **[클립나누기]를 클릭**하면 원래대로 두 개의 클립으로 나누어집니다.

Tip

원하는 위치에서 클립을 나누려면 영상 편집줄에서 클립을 나누고자 하는 글자 앞에 커서를 두고 Enter 키를 눌러도 됩니다.

4 자막편집 줄에서 **줄바꿈을 하고 싶은 단어 앞에 커서**를 두고 Enter **키를 누릅니다.**

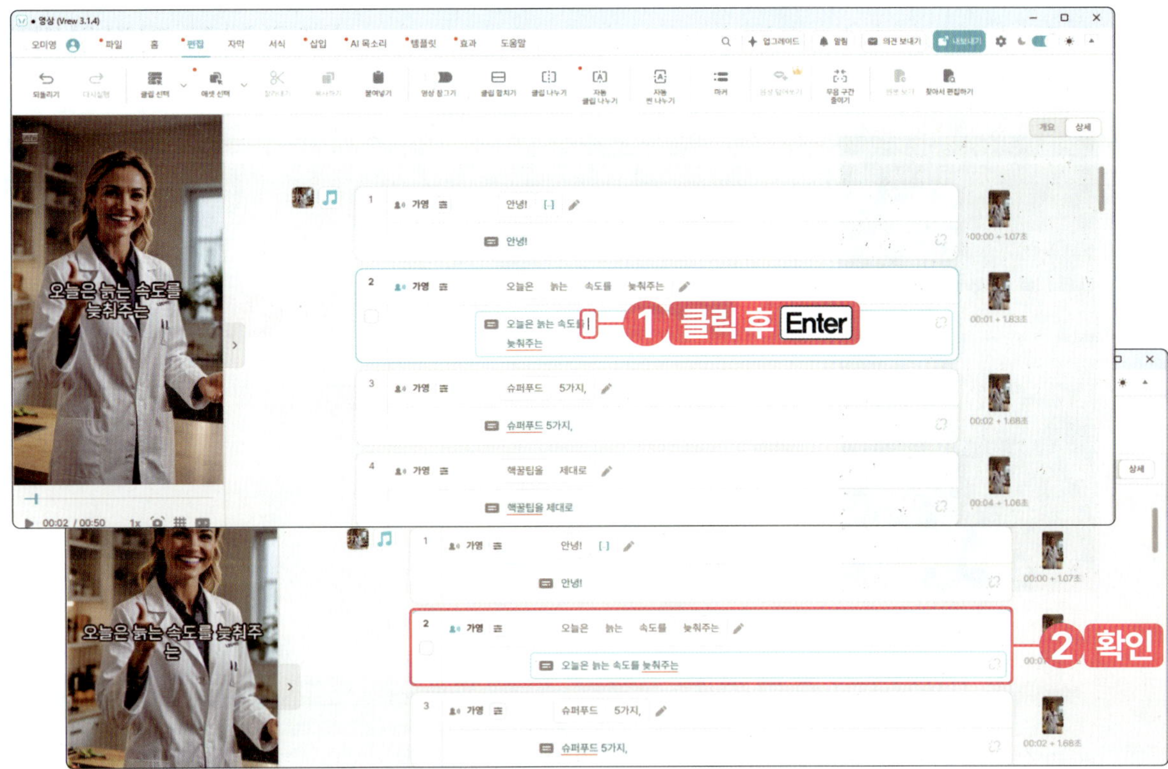

5 클립 합치기를 실행하고 나면 빈 클립이 생기기도 합니다. **빈 클립을 체크**(☑)한 후 Delete **키를 누릅니다.**

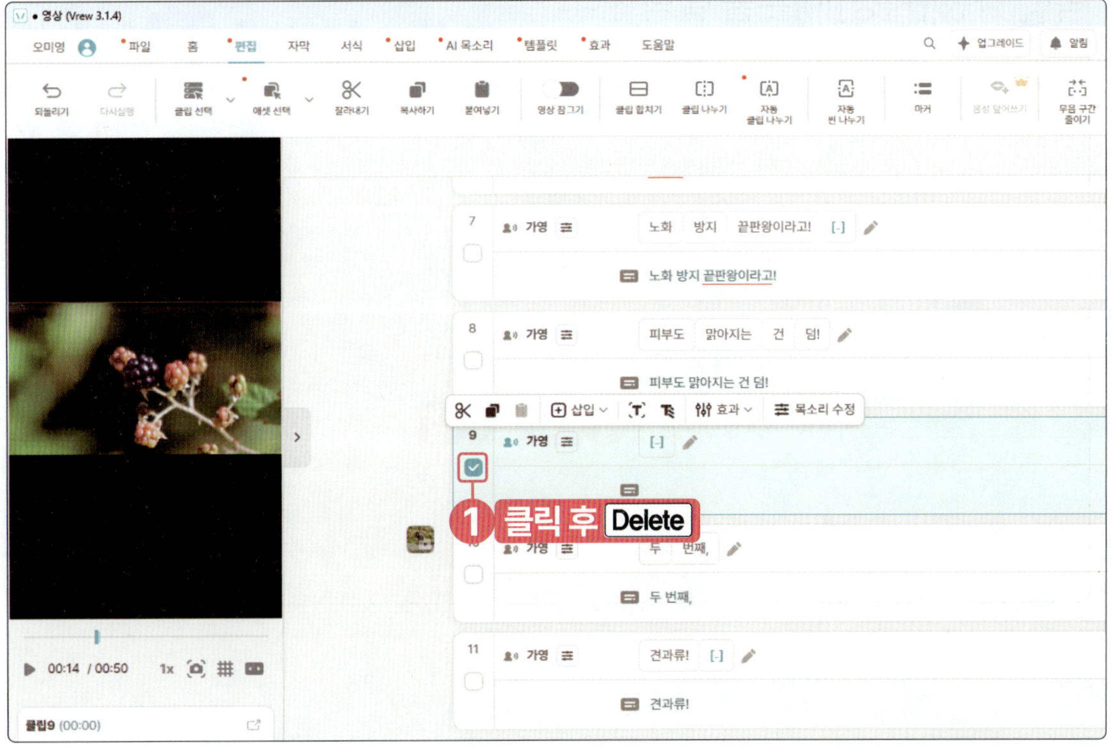

6 AI가 읽어주는 내용을 수정하려면 영상 편집줄에 있는 **연필( )을 클릭**합니다.

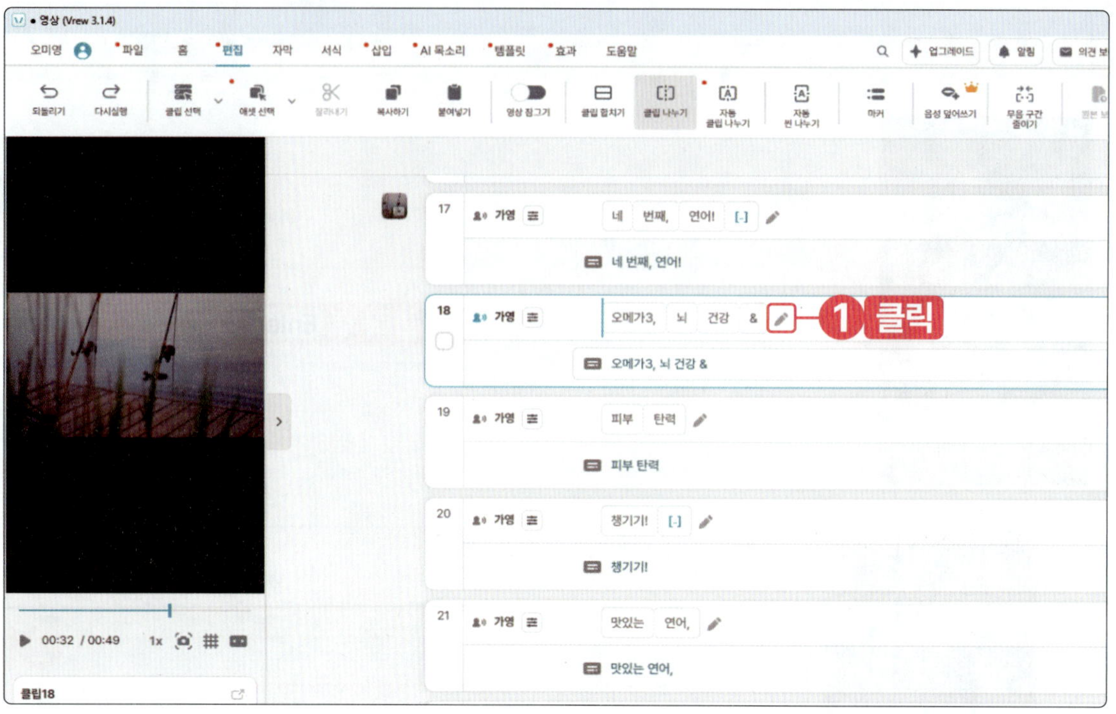

7 18번 클립에서 영상 편집 줄의 텍스트 편집창에서 **&를 "과"로 수정**한 후 **[확인] 버튼을 클릭**합니다.

※ 영상 자막에는 &로 표시되지만, AI 목소리는 엔드(&)로 읽지 않고 "과"로 읽어줍니다.

실전 연습 문제

01 슈퍼푸드(1).vrew 프로젝트를 열어서 15번 클립의 자막을 "녹색채소, 젊음을 유지하는 비결!" 자막을 두 줄로 편집해 보세요.(젊음을 유지하는 비결을 줄 바꿈하기)

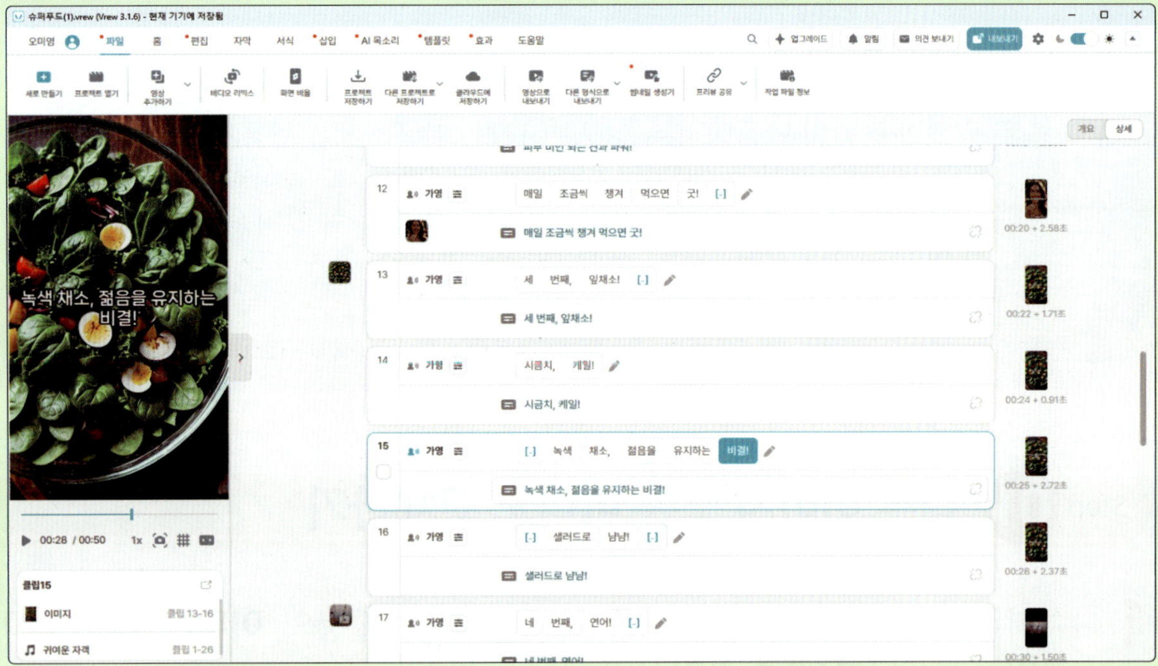

02 슈퍼푸드(2).vrew 프로젝트를 열어서 19번과 20번 클립을 하나의 클립으로 합쳐보세요.

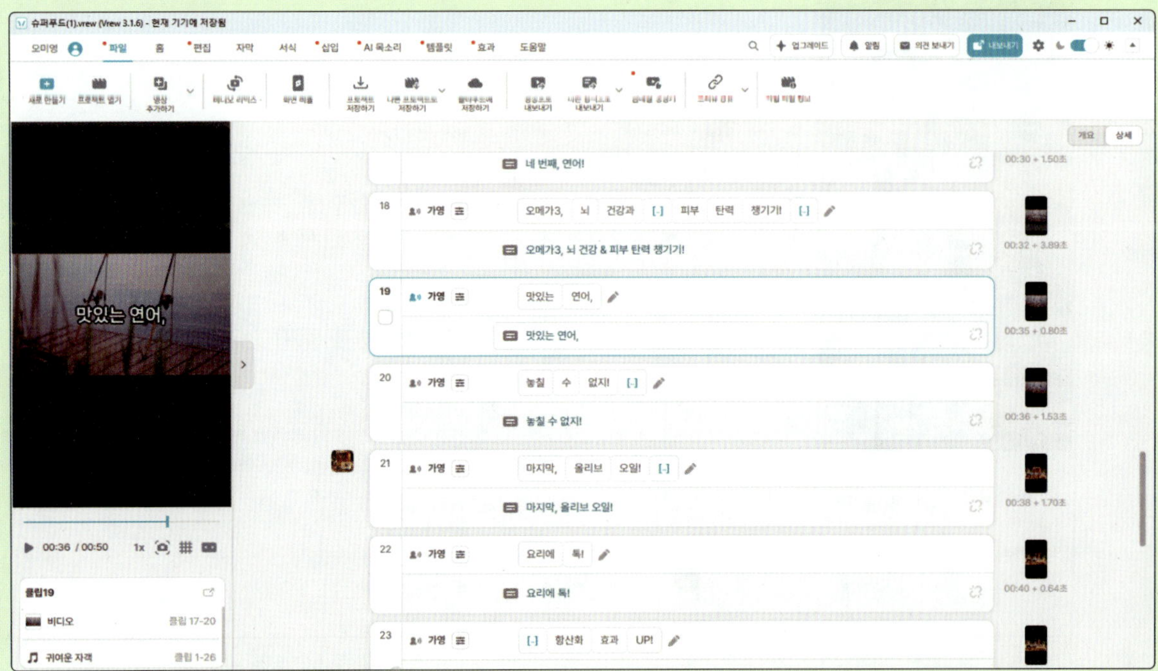

텍스트로 비디오 만들기(2)

브루(Vrew)의 '텍스트로 비디오 만들기' 기능은 주제어를 입력하면 자동으로 원고와 영상이 만들어지는 AI 기반 편집 기능입니다. 사용자는 원고를 수정하고, 각 장면에 맞는 이미지나 배경을 선택한 뒤 AI 음성을 적용할 수 있습니다. 자막 스타일과 배경 음악도 손쉽게 설정할 수 있어 영상 편집 경험이 없어도 누구나 쉽게 완성도 높은 영상을 만들 수 있습니다.

Step 01 다른 이미지 또는 비디오 교체하기

1 슈퍼푸드(1).vrew 프로젝트를 불러온 후 편집창의 **이미지 애셋 아이콘을 클릭**한 다음 **[교체]를 클릭**합니다.

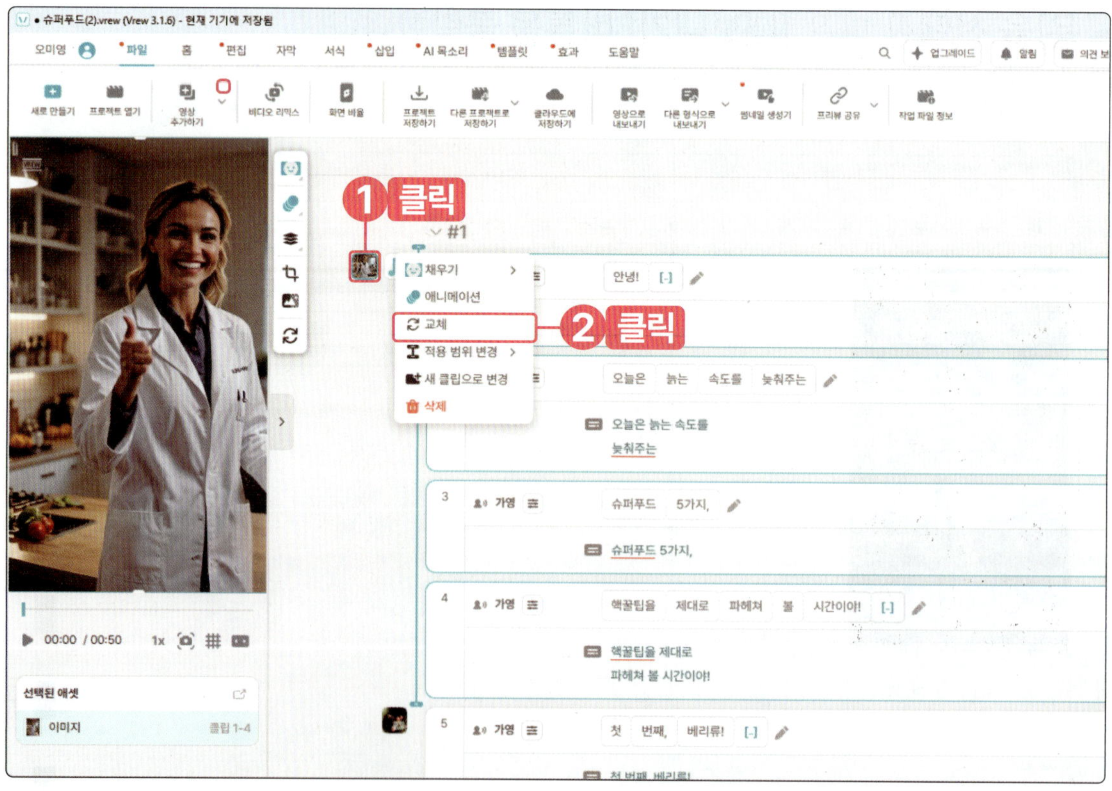

2 다음과 같이 [다른 이미지 또는 비디오로 교체하기] 창이 나타납니다.

3 이미지 묘사 창에 프롬프트 예시를 참조하여 입력한 후 하단의 **[이미지1장 생성] 버튼**을 클릭합니다. 그런 다음 이미지가 생성되면 이미지 하단에 **[삽입하기] 버튼을 클릭**하면 교체됩니다.

※ 예시 : 활짝 웃으며 블루베리를 먹고 있는 20대 아름다운 여인

Tip

생성된 AI 이미지 대신 오른쪽에 [무료 이미지 & 비디오] 중에서 한 장을 선택하여 교체할 수도 있습니다.

4 다음과 같이 AI 이미지로 영상이 교체 되었습니다.

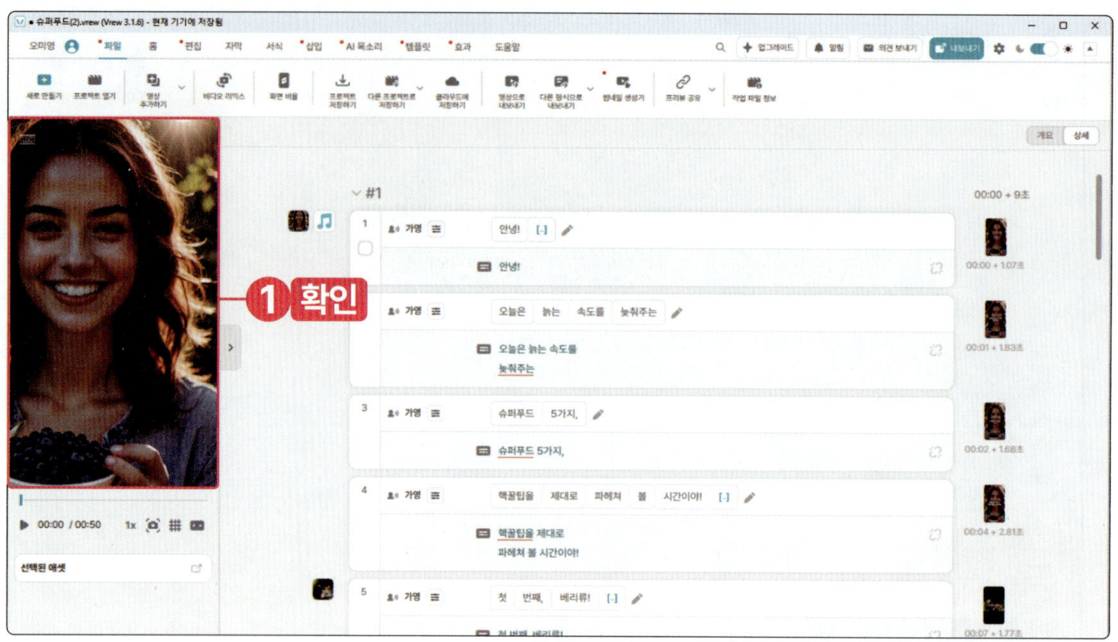

Step 02 영상 속도 조절하기

1 [효과] 탭에서 **[배속 효과(⏩)]를 클릭**합니다. 그런 다음 오른쪽 [배속 효과] 창에서 적용 범위 중 **[전체 클립]을 선택**합니다. 배속 설정은 1배속을 **1.2배속으로 수정**하여 영상 속도를 빠르게 조정합니다.

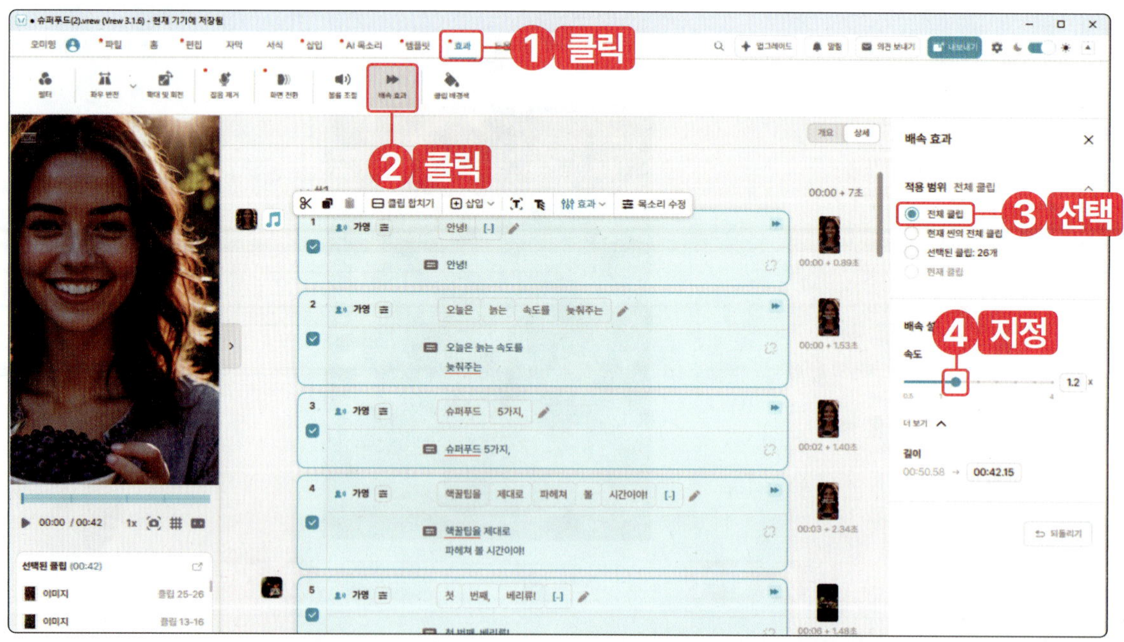

Tip

배속 설정 속도 : 1배속 : 정상 속도, 1배속 이상은 속도가 빨라지고, 1배속 이하는 속도가 느려집니다.

Step 03 영상 내보내기

1 **[내보내기] 버튼**을 클릭한 후 **[영상 파일(mp4)]를 클릭**합니다. 그런 다음 [동영상 내보내기] 창이 나타나면 하단의 **[내보내기] 버튼**을 클릭합니다.

Tip

파일 탭의 [영상으로 내보내기( )]를 클릭해도 됩니다.

2 [영상으로 내보내기(mp4)] 대화상자가 나타나면 **경로(렉스미디어-브루\슈퍼푸드)를 지정**한 후 **파일 이름 "슈퍼푸드"를 입력**한 다음 **[저장] 버튼을 클릭**합니다.

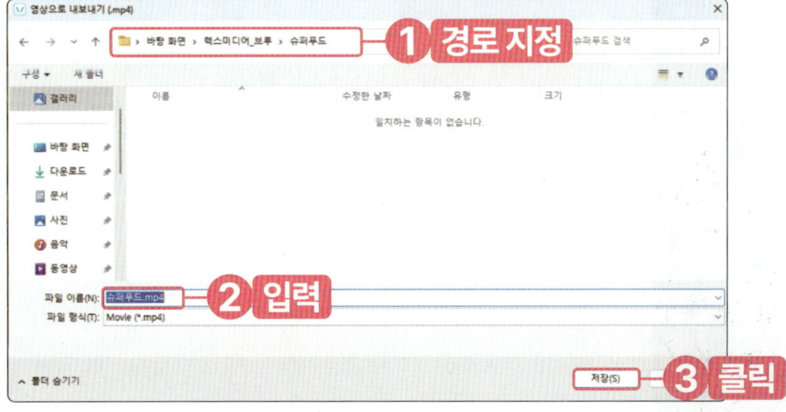

3 [내보내기 완료] 창이 나타나면 오른쪽 하단의 **[폴더 열기] 버튼을 클릭**합니다.

Step 04 저장된 영상을 모바일로 전송하기

1 모바일로 전송하기 위해 **[모바일로 전송하기]를 클릭**한 후 [모바일로 전송하기] 창이 나타나면 **스마트폰으로 QR코드를 스캔**합니다.

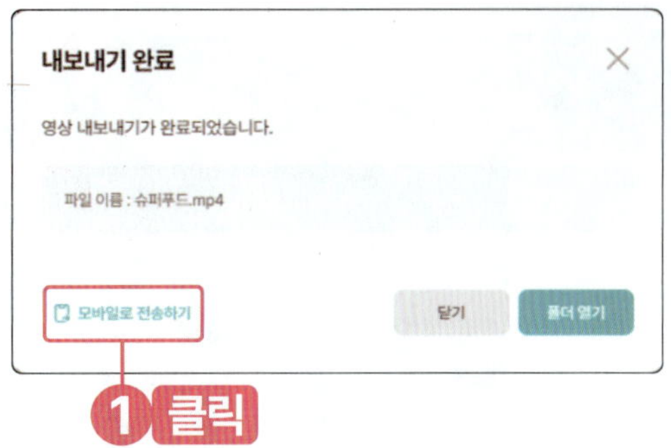

2 스캔 후 스마트폰에 뜨는 링크를 손으로 터치합니다.

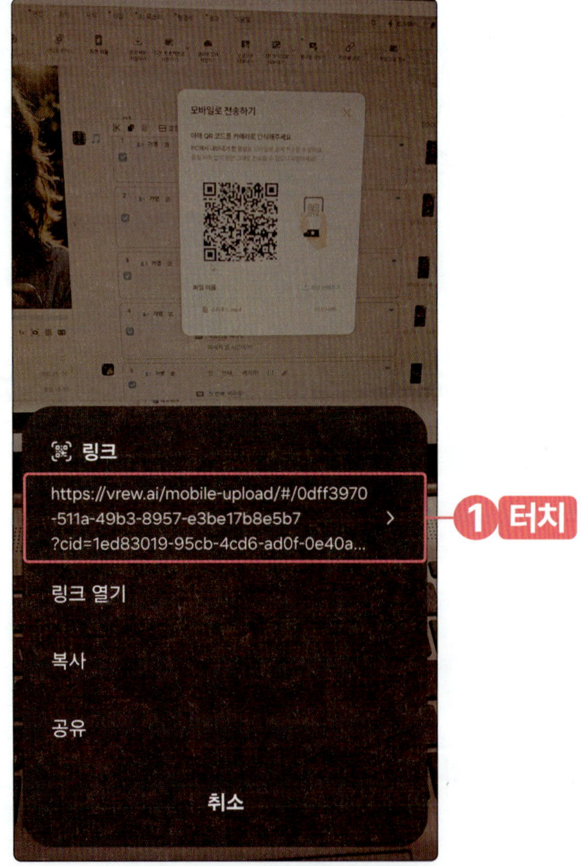

3 스마트폰에서는 왼쪽 그림이 보이고, 동시에 PC에서는 모바일로 전송하기 창이 열립니다.

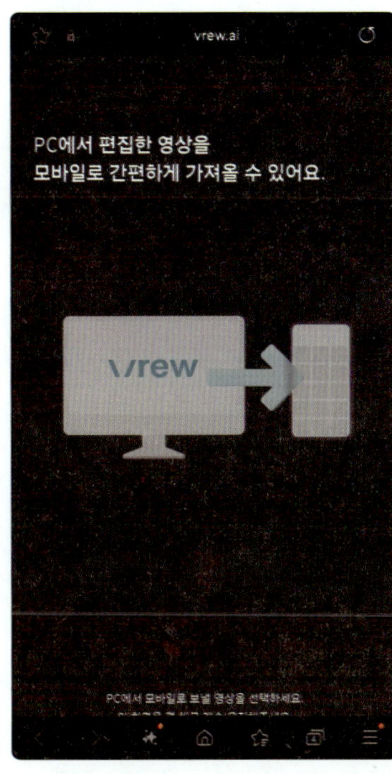

4 모바일로 전송하기 중입니다.

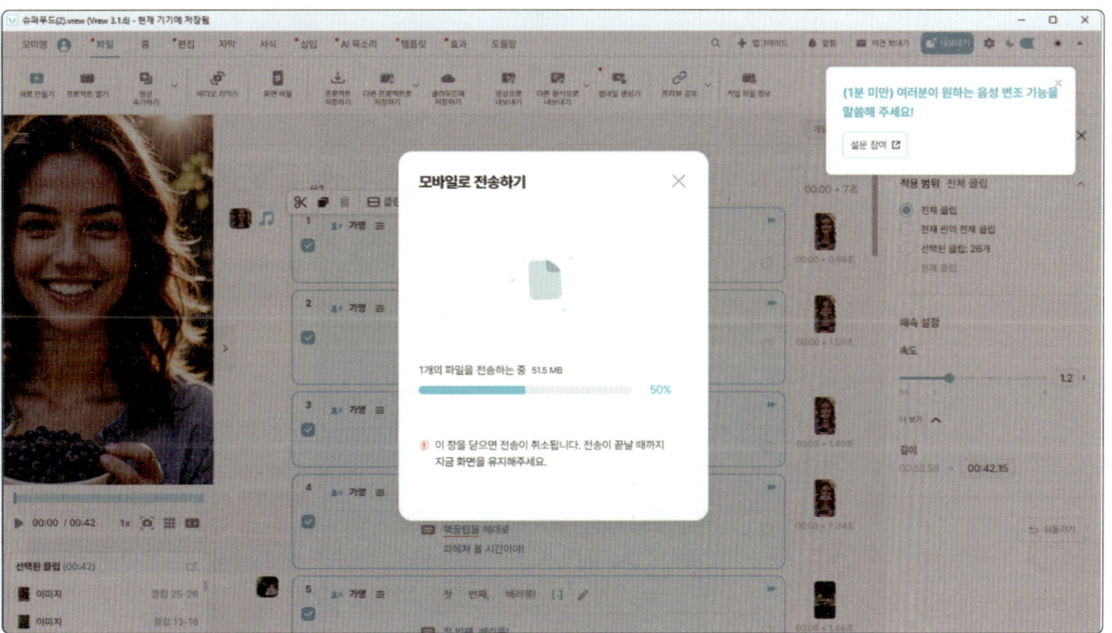

5 모바일로 전송하기가 완료되었습니다. 스마트폰 갤러리에서 전송된 영상을 확인해 보세요.

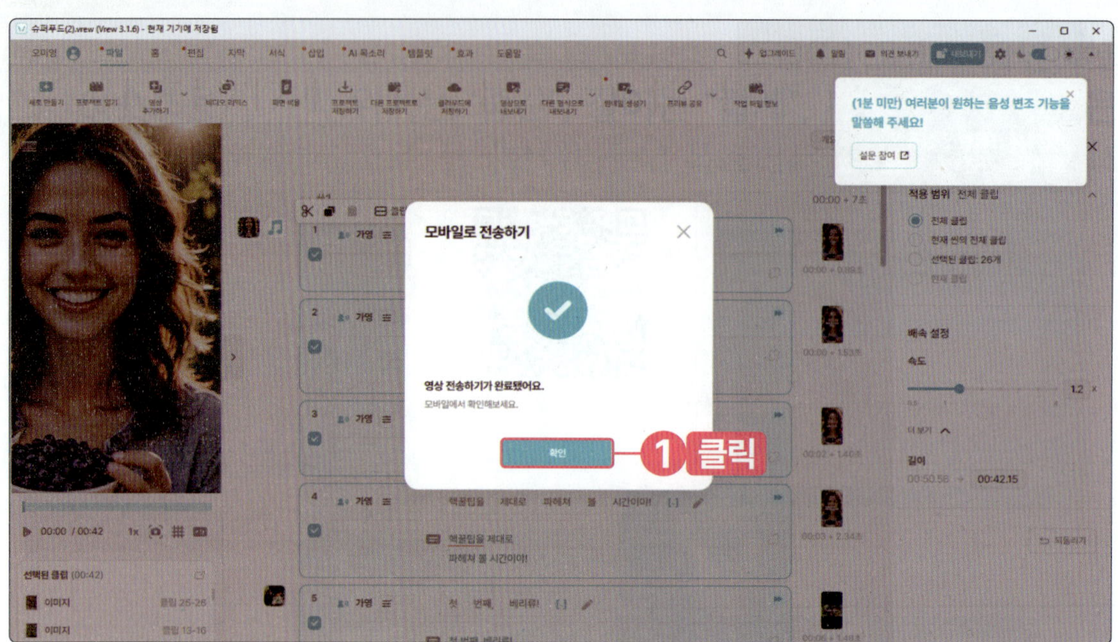

실전 연습 문제

01 슈퍼푸드(2).vrew 프로젝트를 파일을 열어 5번 클립을 다른 이미지나 비디오로 교체해 보세요.

힌트 1. 5번 클립의 이미지 애셋 아이콘을 클릭하여 "교체" 메뉴를 선택합니다.
2. [이미지 묘사] 프롬프트 예시로 "그릇에 담겨진 블루베리"
3. 채우기는 "비율 유지하며 채우기"를 선택합니다.

02 영상 전체의 속도를 1.5배속으로 조정해 보세요.

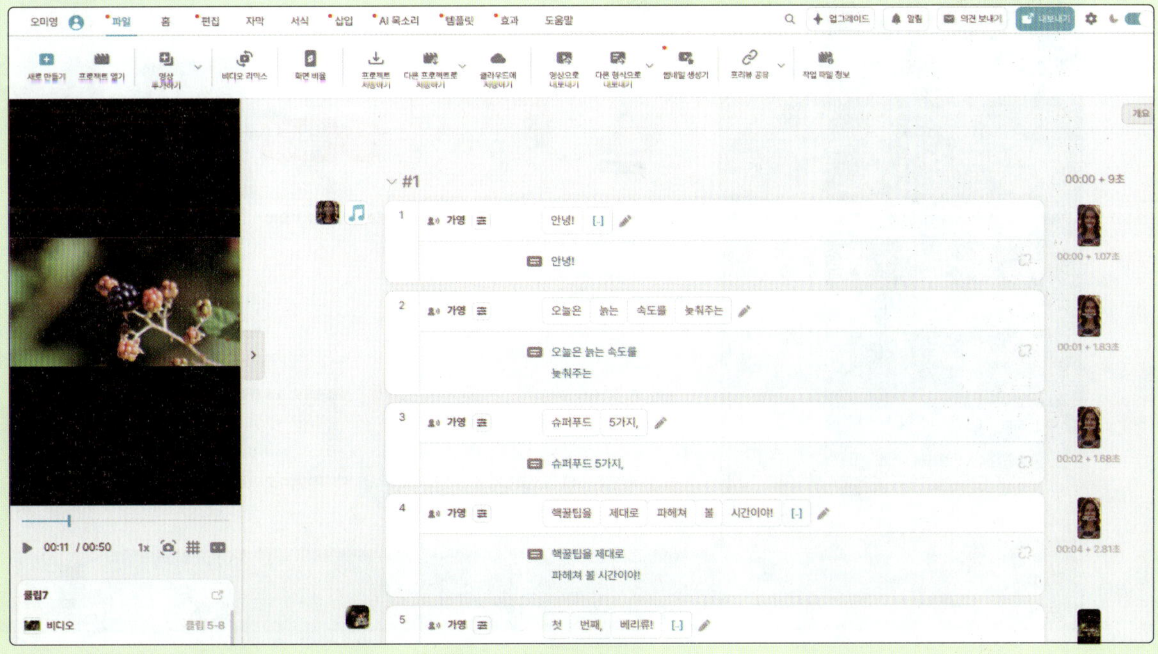

힌트 [효과] 탭- 배속효과 - 전체 클립 - 속도 1.5X

내가 촬영한 영상으로 비디오 만들기(1)

내가 촬영한 영상을 브루에서 불러오면 인공지능이 음성을 분석하고 분석한 음성을 바탕으로 클립이 구성되면서 동영상의 음성이 자막으로 자동 생성됩니다. 이 클립을 이용해 편집을 진행합니다.

Step 01 PC 및 모바일에서 미디어 불러오기

1 [파일] 탭에서 **[새로 만들기]를 클릭**합니다. 그런 다음 [새로 만들기] 창이 나타나면 **[PC에서 비디오·오디오 불러오기]를 클릭**합니다.

2 [PC에서 비디오 · 오디오 불러오기] 대화상자가 나타나면 **경로(렉스미디어_브루\Ch05_따라부르기_브루데모영상)를 지정**한 후 **[브루데모영상.mp4]파일을 선택**한 다음 **[열기] 버튼을 클릭**합니다.

3 [영상 불러오기] 창이 나타나면 음성분석은 언어가 한국어인 경우 **[엔진]-[자동]을 클릭**한 후 **[Whisper]를 선택**한 다음 **[확인] 버튼을 클릭**합니다.

4 [확인] 창이 나타나면 **[저장 안함] 버튼을 클릭**합니다.

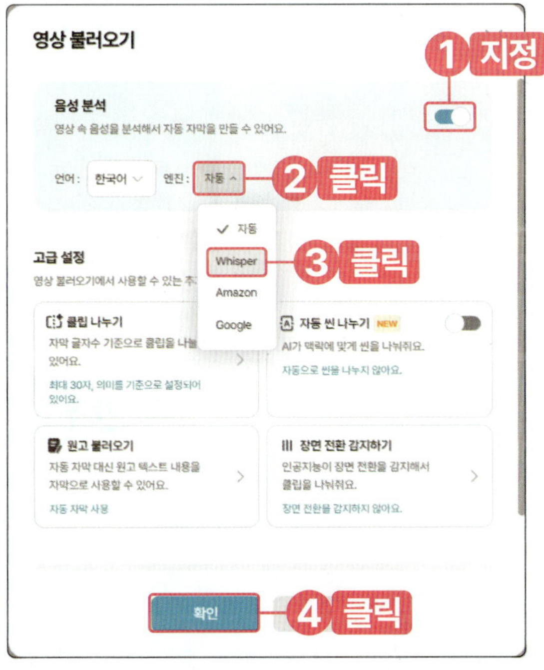

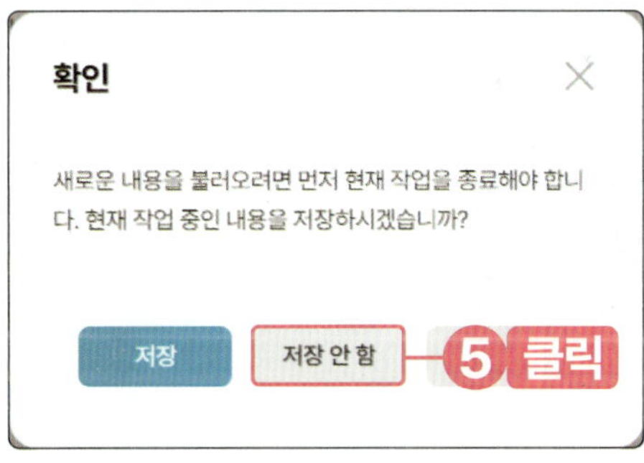

5 아래 화면과 같이 음성 분석창이 나타나면 잠시 기다립니다.

Step 02 자막 오타 수정 및 서식 변경하기

1 발음이 부정확한 경우 오타가 있을 수 있으니, 확인 후 **자막 편집 줄에서 오타를 수정**합니다.

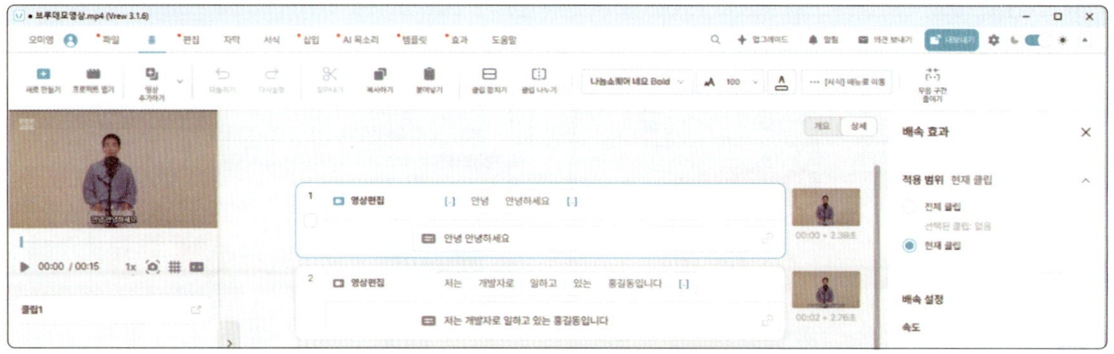

영상 분석 후 편집 창이 나타나면 위의 그림과 달리 1번 클립과 2번 클립이 병합되었다면 1번 클립의 영상 편집줄에서 "저는" 워드 앞에 커서를 두고 클립 나누기를 합니다.

2 배경을 검정으로 변경하기 위해 [서식] 탭에서 **[배경]을 클릭**한 후 [**검정]을 클릭**합니다.

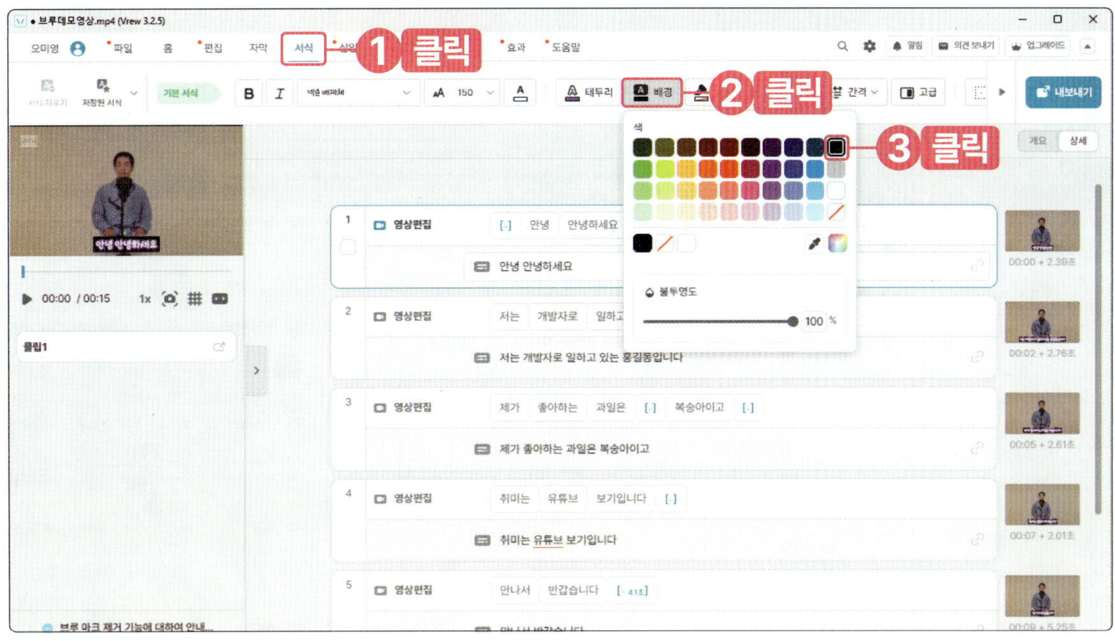

Step 03 무료 이미지, 비디오 삽입하기

1 이미지를 넣을 **2번 클립을 선택**한 후 [삽입] 탭에서 **[무료 이미지·비디오 ( )]를 클릭**한 다음, 오른쪽 무료 애셋 창에서 키워드 **"개발자"로 검색하여 임의의 사진을 선택**합니다.

2 삽입된 이미지의 **[적용 범위 변경]을 클릭**합니다. 그런 다음 [적용 범위 변경] 목록이 나타나면 **[워드로 적용]을 클릭**합니다.

3 그림 애셋 아이콘이 영상 편집줄로 올라간 것을 확인합니다.

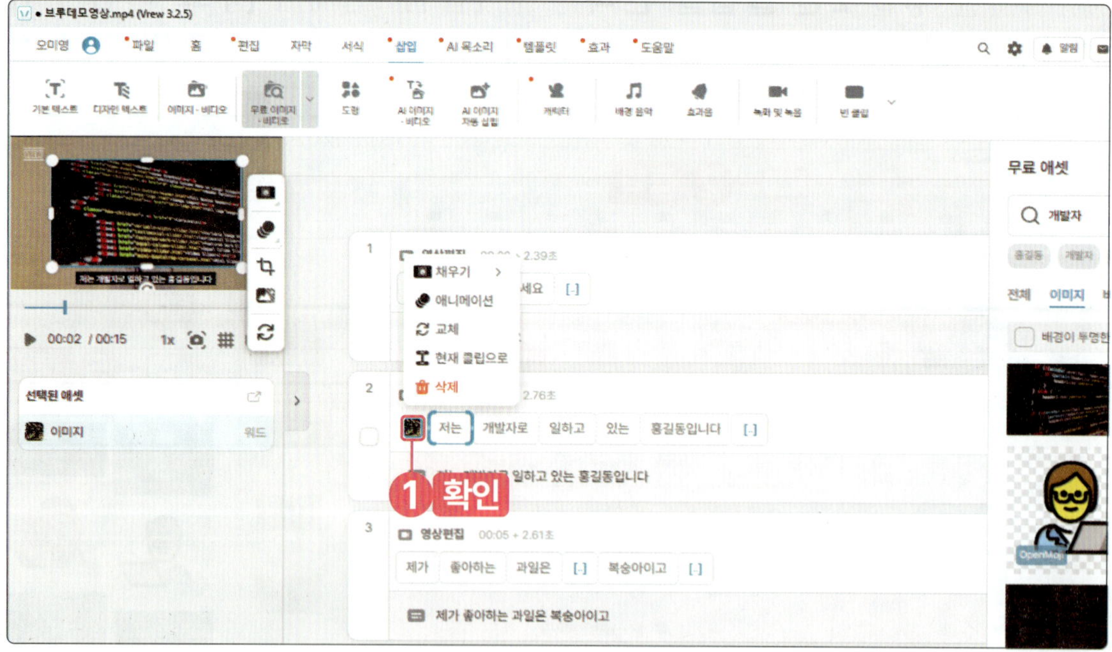

Tip

영상편집 줄에 이미지 애셋을 "개발자" 단어 위로 드래그해도 됩니다.

4 그림 애셋 아이콘을 **개발자 단어 위로 드래그**합니다.

5 그림 애셋 아이콘이 '개발자' 앞으로 옮겨지면서 그림이 '개발자'라는 단어가 나오는 동안만 잠시 나왔다가 사라집니다.

Tip

채우기 메뉴 중 "비율 유지하며 채우기"를 선택하면 영상 전체에 확대됩니다.

6 2번 클립이 선택된 상태에서 [삽입] 탭에서 **[디자인 텍스트( )]를 클릭**한 후 오른쪽에 디자인 텍스트 애셋 창에서 **임의의 디자인을 선택**합니다.

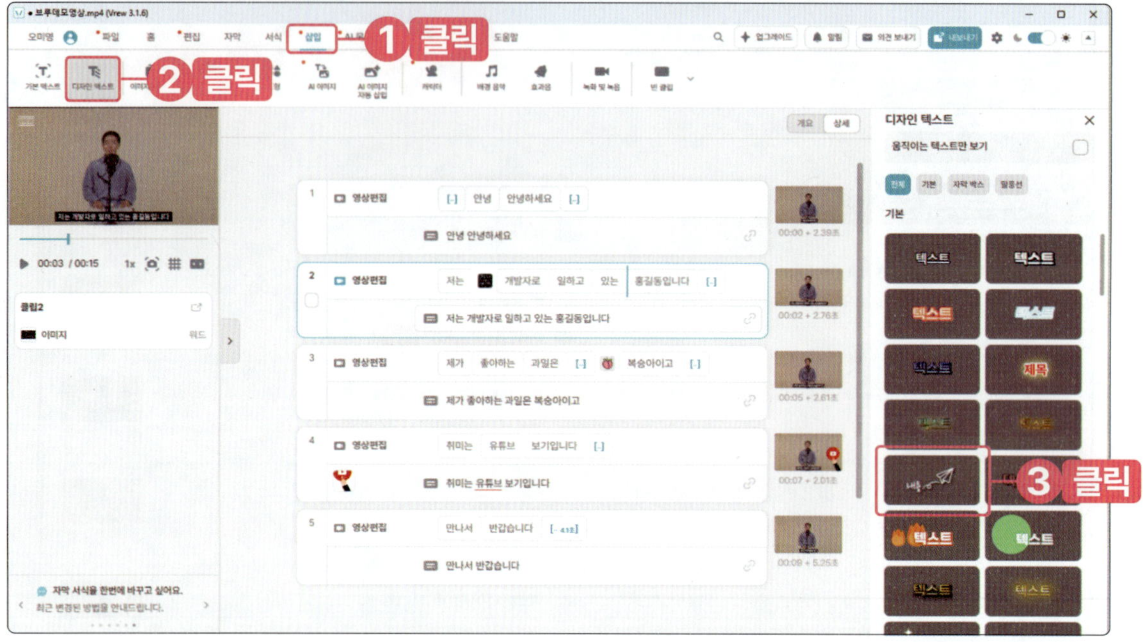

7 플레이창에서 입력된 내용을 지우고 **'홍길동'이라고 입력**한 후 적당한 위치로 드래그 합니다. 그런 다음 자막 표시줄에 있는 [디자인 텍스트] 애셋 아이콘에서 [적용 범위 변경]–**[워드로 적용]을 클릭**합니다.

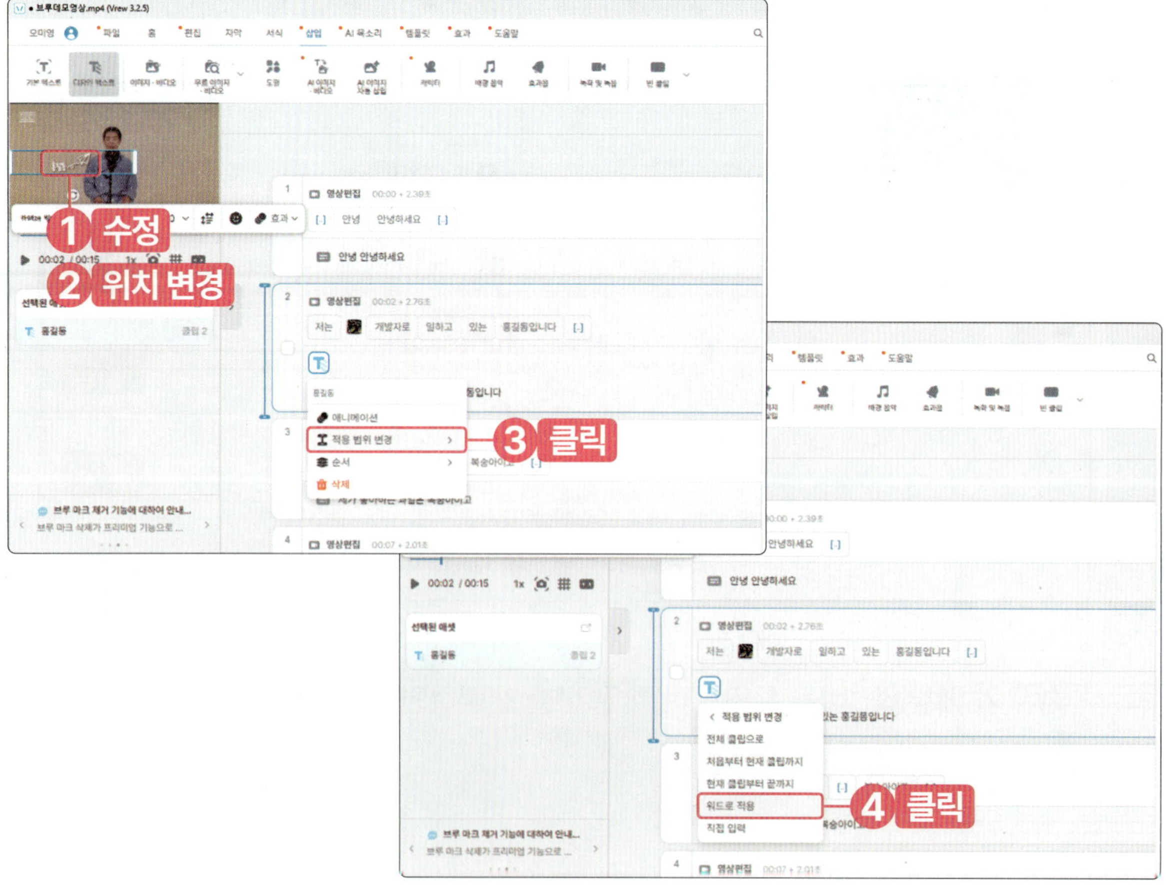

8 [디자인 텍스트] 애셋 아이콘이 영상 편집줄로 올라가면 **[디자인 텍스트] 애셋 아이콘을 '홍길동입니다.' 문장 위로 드래그**합니다.

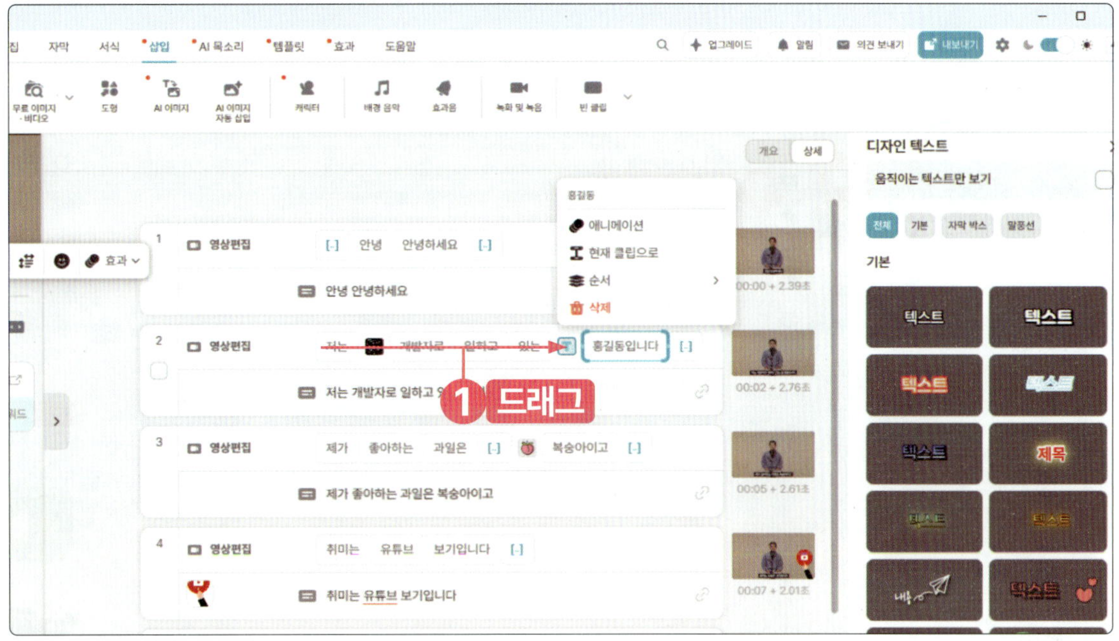

9 **4번 클립을 선택**한 후 [삽입] 탭에서 **[무료 이미지·비디오( )]를 클릭**합니다. 그런 다음 오른쪽에 무료애셋 창의 검색 창에 **"유튜브"를 입력하여 검색**한 후 **임의의 이미지를 선택**합니다.

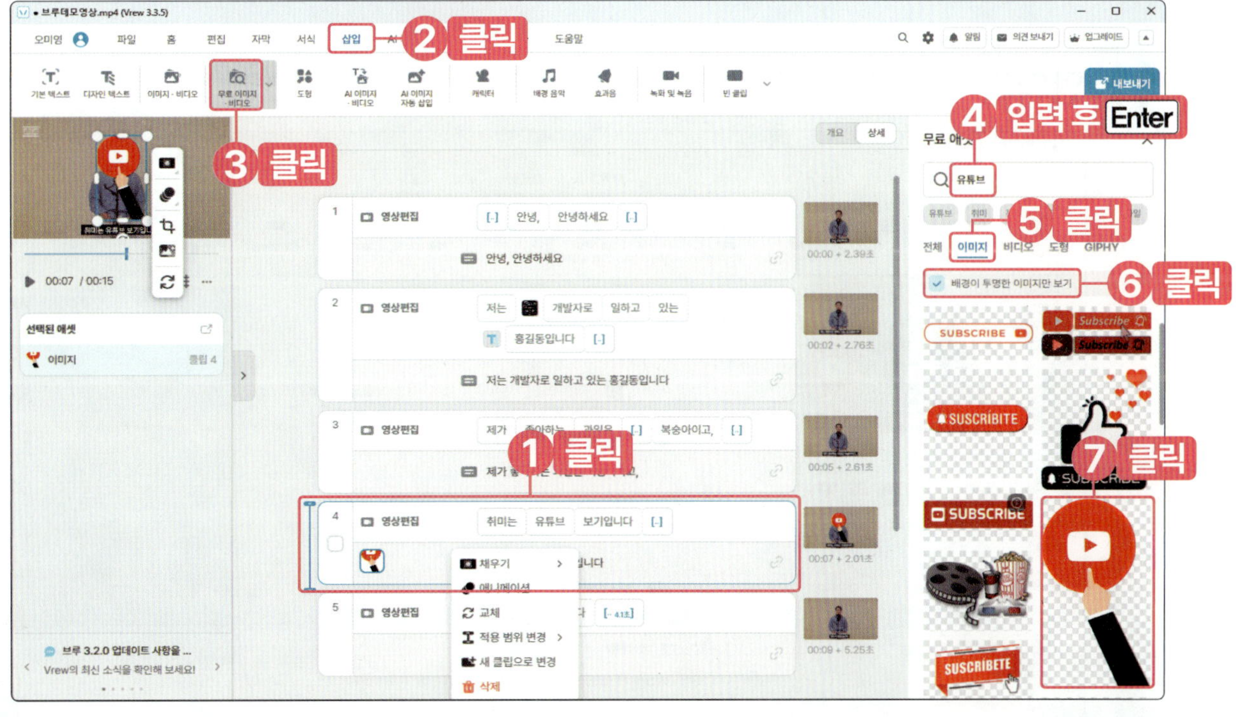

Tip

[배경이 투명한 이미지만 보기]를 클릭하여 체크 표시를 합니다.

10 이미지가 삽입되면 적당한 위치에 배치합니다.

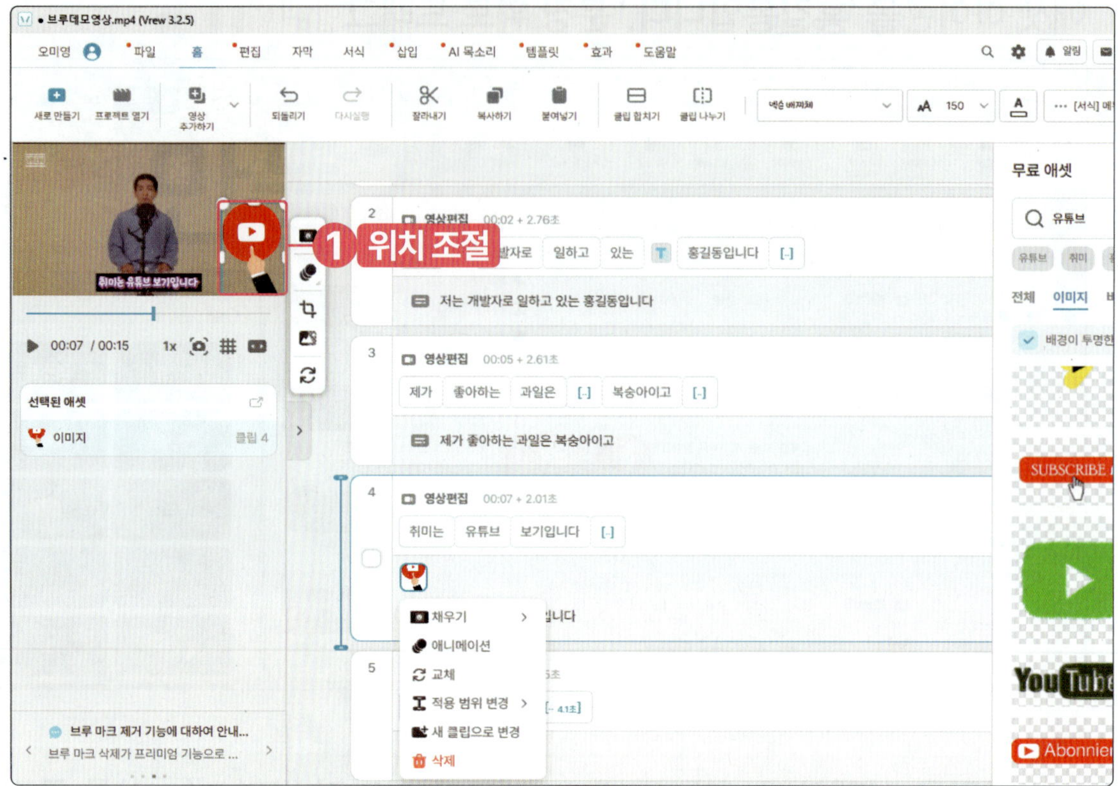

Tip

적용범위를 변경하지 않으면 선택된 4번 클립에서만 적용됩니다.

11 **임의의 작업공간을 클릭**하여 선택을 해제합니다.

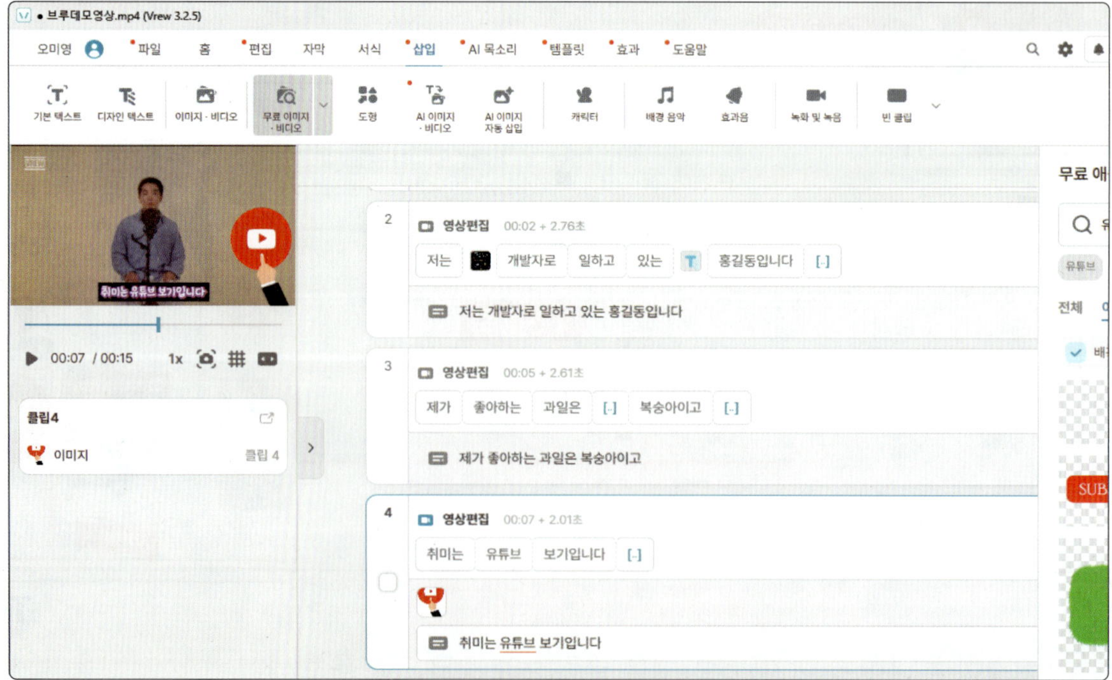

Step 04 효과음과 배경음악 삽입하기

1 **4번 클립을 선택**한 후 [삽입] 탭에서 **[효과음( )]을 클릭**합니다. 그런 다음 오른쪽에 효과음 창의 검색창에 **"뿅"을 입력**하여 효과음을 검색합니다.

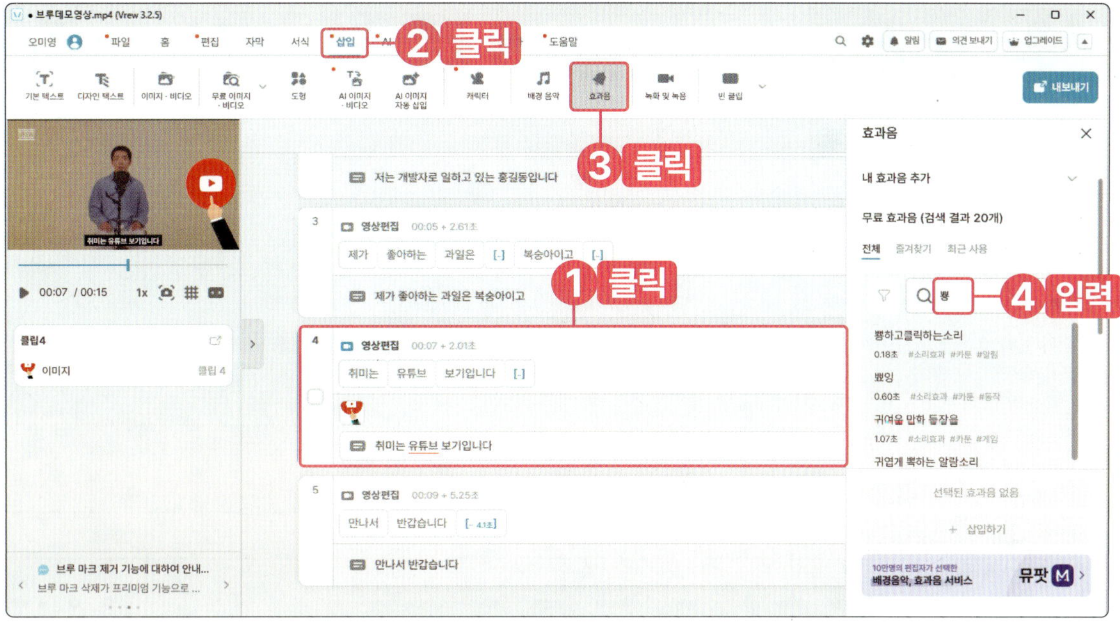

2 검색된 효과음 중 **[픽셀 게임 선택 효과음(뿅)]을 선택**한 후 하단에 **[삽입하기] 버튼**을 클릭합니다.

3 영상 편집줄에 삽입된 종모양의 효과음 아이콘을 **'유튜브' 단어 위로 드래그**합니다.

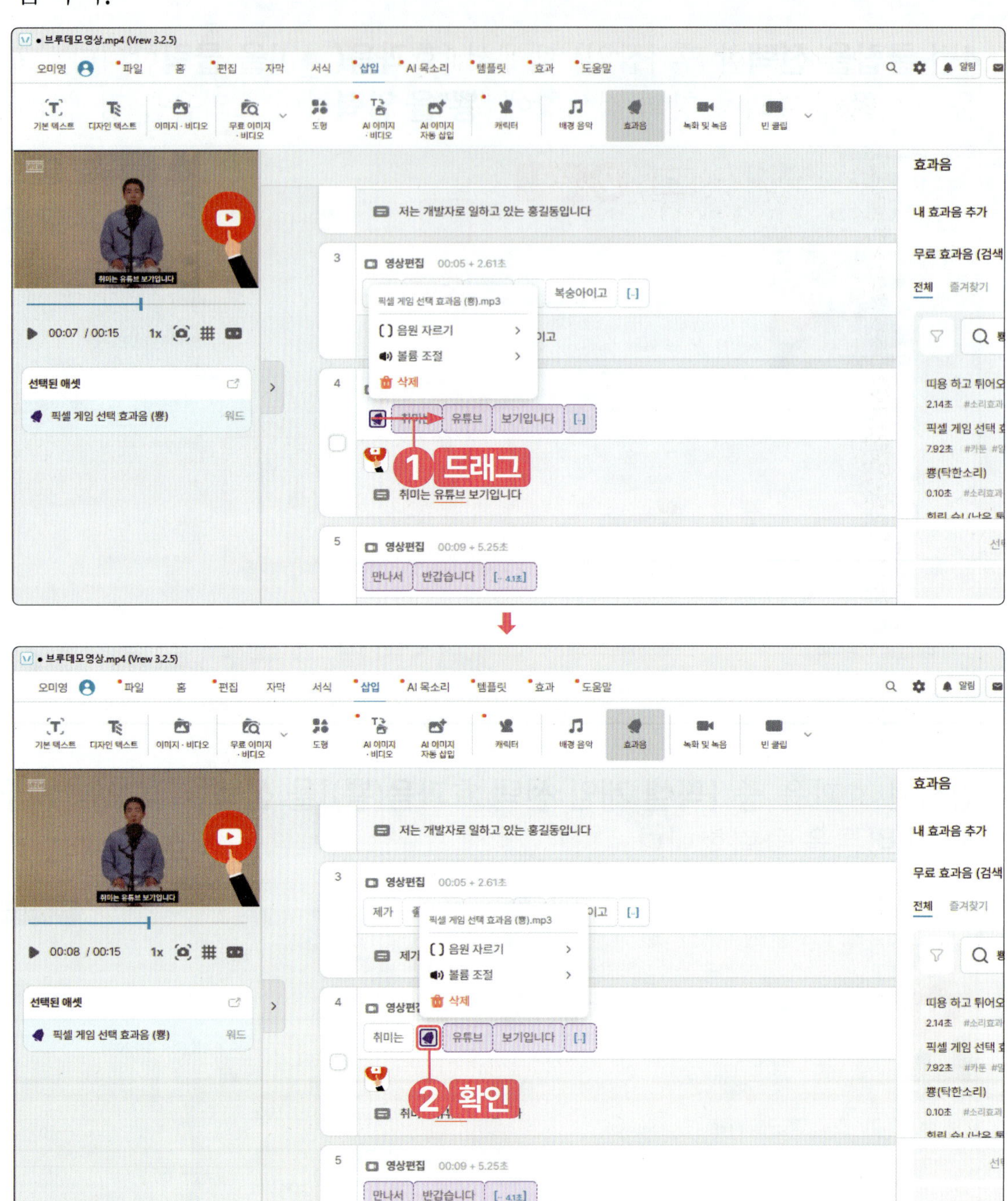

효과음 재생 길이 조절하는 방법

❶ 영상 편집줄에 있는 효과음 애셋 아이콘을 클릭한 후 [음원 자르기]를 클릭합니다.

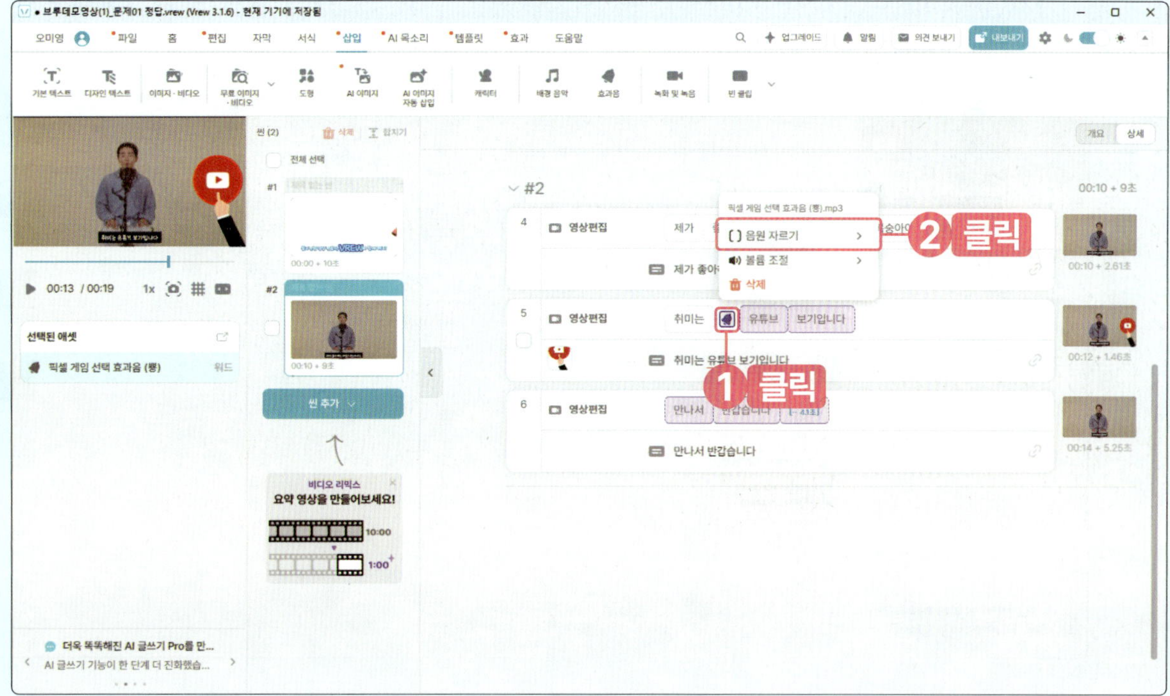

❷ 음원자르기 창의 볼륨 막대 오른쪽 경계선을 왼쪽으로 드래그하여 재생 시간을 줄입니다.

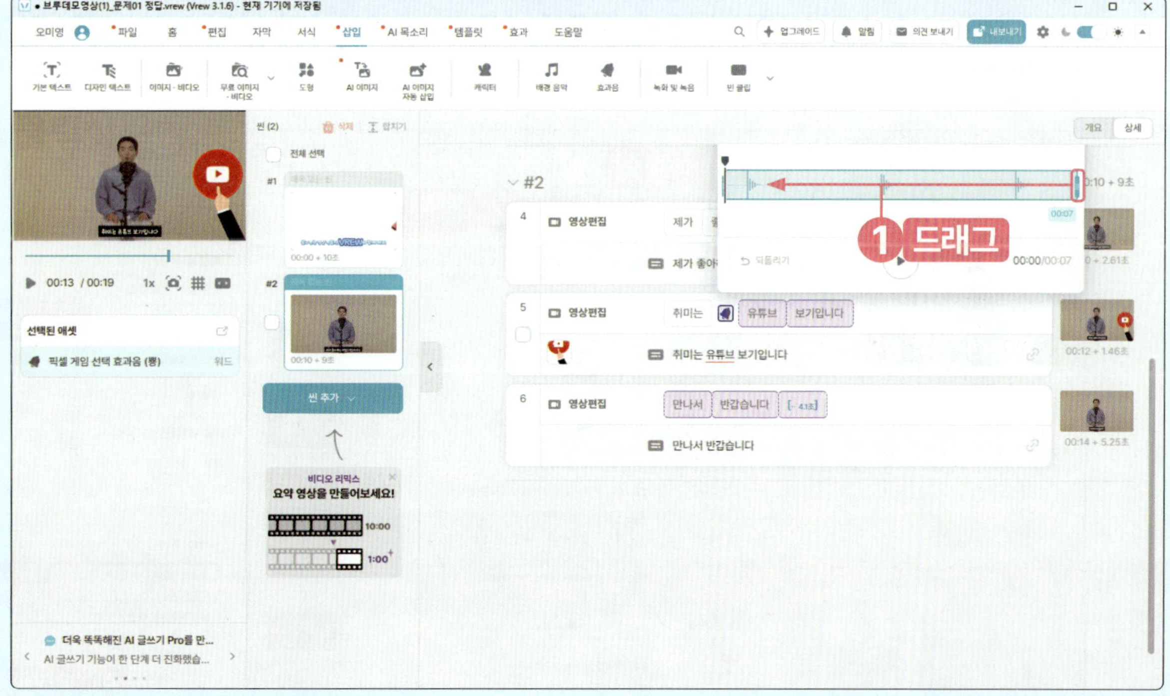

❸ 시간을 00:01초로 줄입니다.

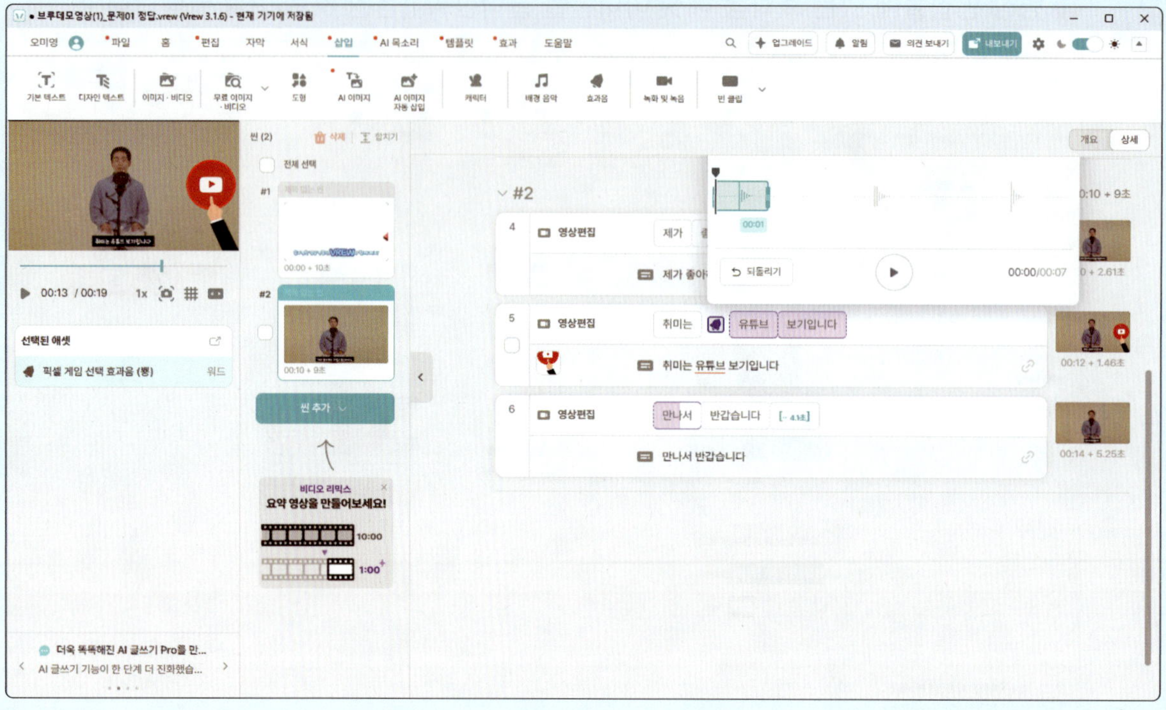

4 [삽입] 탭에서 **[배경 음악(♫)]을 클릭**합니다. 그런 다음 오른쪽에 [배경 음악] 창에서 **[적용 범위]-[전체 클립], [무료 음악]-[감성적으로 시작하고 싶었어]를 선택**한 후 **[삽입하기] 버튼을 클릭**합니다.

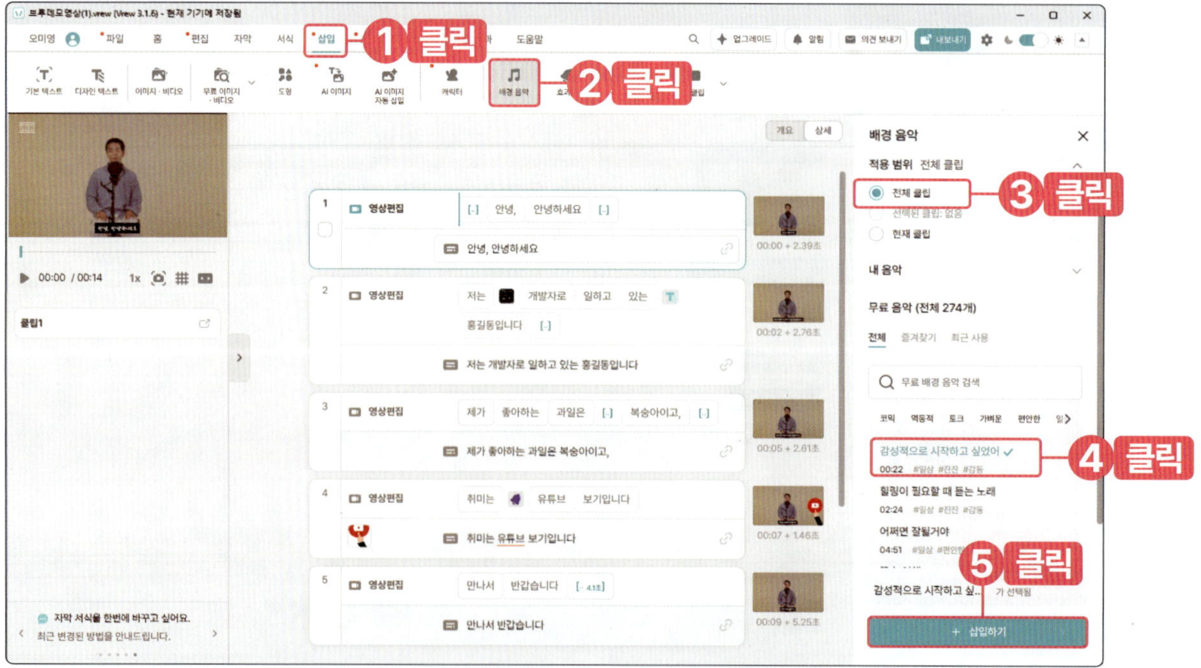

5 1번 클립 왼쪽에 배경음악 애셋이 생성이 되고 전체 클립에 배경 음악이 적용됩니다.

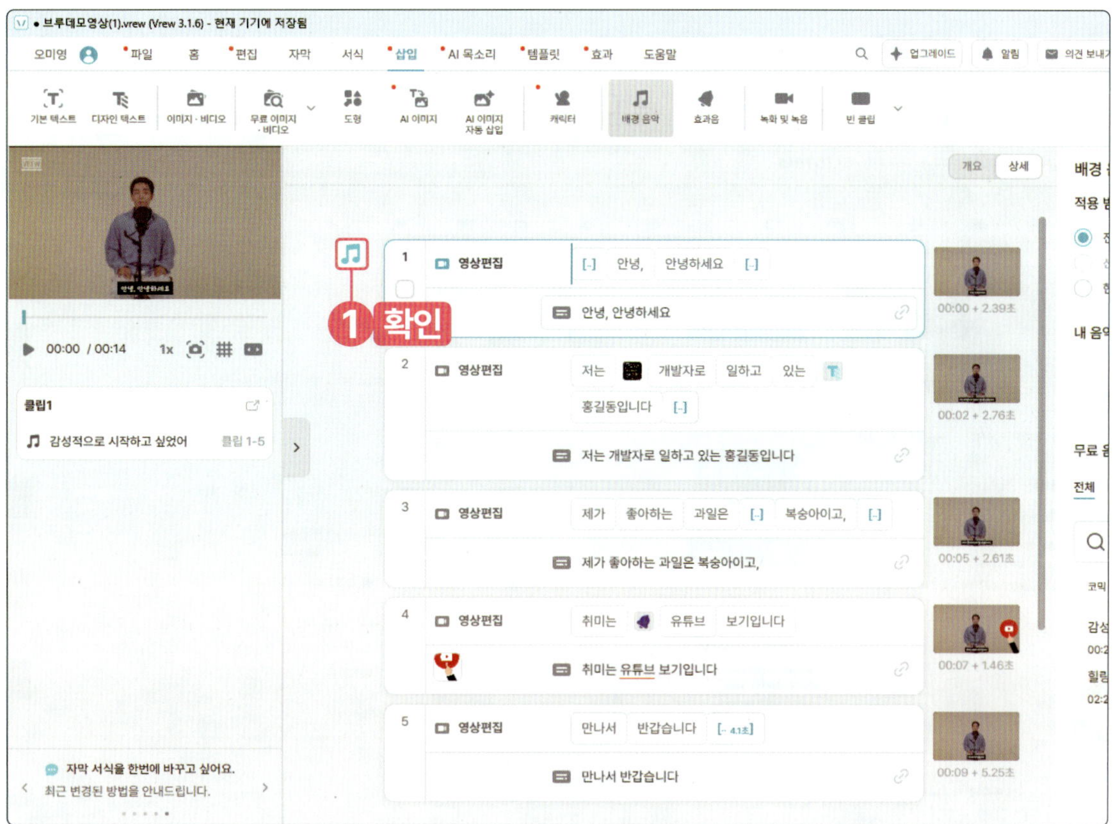

실전 연습 문제

01 브루데모영상(1).vrew 프로젝트 파일을 불러와 아래 그림과 같이 4번 클립에 영상편집 줄의 "복숭아이고" 앞에 배경이 투명한 복숭아를 삽입하세요.

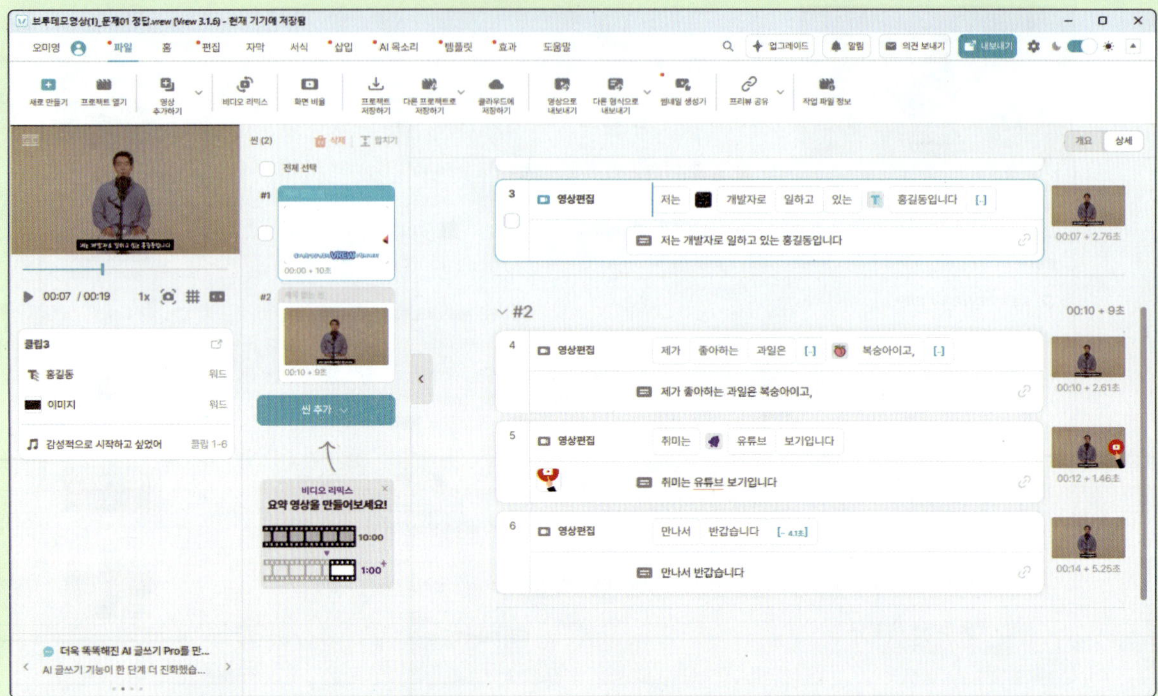

힌트
① [삽입]탭 - [무료 이미지·비디오] 메뉴의 오른쪽 [무료 애셋]에서 "복숭아"로 검색합니다.
② 이미지 삽입 후 적용 범위 변경을 [워드로 적용]을 선택한 후 영상편집 줄에서 복숭아 단어 앞에 이동합니다.
③ 복숭아 이미지의 크기와 위치는 적당하게 조정합니다.

02 브루데모영상(2).vrew 프로젝트 파일을 불러와 아래 그림과 같이 배경 음악을 삭제하고 다른 음악을 삽입하세요.

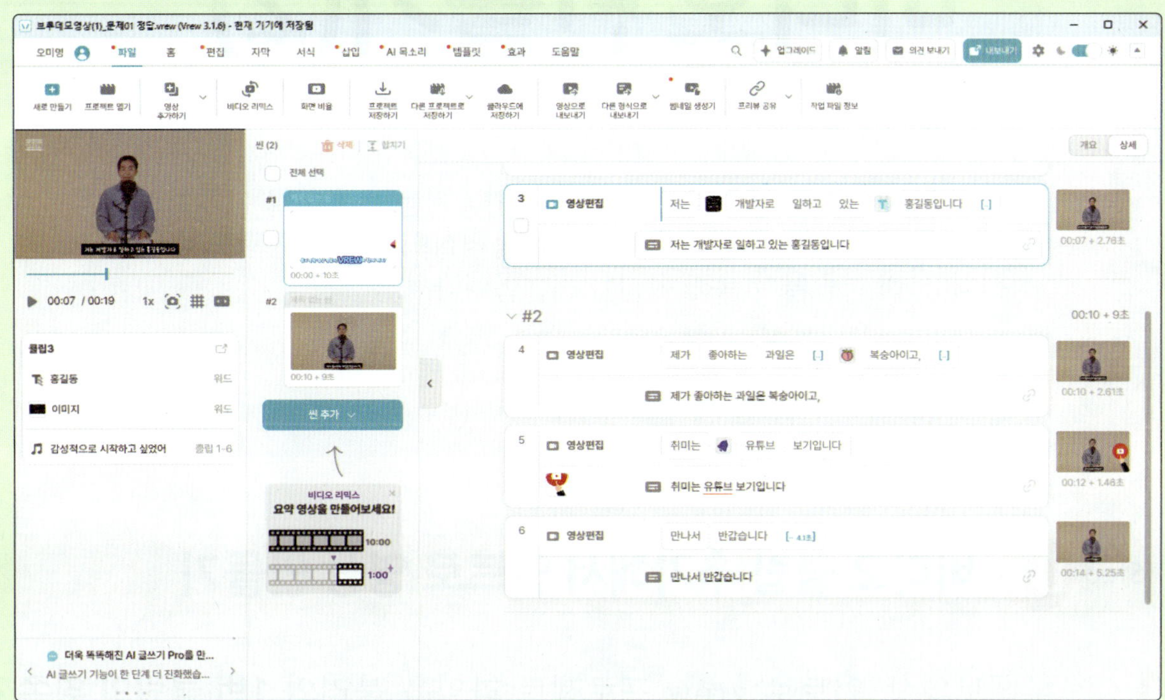

힌트 ① "배경음악" 애셋 아이콘을 선택하여 삭제를 클릭합니다.

② [삽입] 탭-[배경 음악]을 클릭합니다.

③ 오른쪽 "배경음악" 창에서 임의의 노래 제목을 선택한 후 [삽입하기] 단추를 클릭합니다.

내가 촬영한 영상으로 비디오 만들기(2)

내가 촬영한 영상을 브루에서 불러오면 인공지능이 음성을 분석하고 분석한 음성을 바탕으로 클립이 구성되면서 동영상의 음성이 자막으로 자동 생성됩니다. 이 클립을 이용해 편집을 진행합니다.

Step 01 비디오 클립 추가해서 인트로 영상 만들기

1 브루데모영상_인트로.vrew 프로젝트 파일을 불러와 **1번 클립의 위쪽 경계선에 마우스 포인터를 위치** 시킨 후 **[+ 클립 추가]를 클릭**합니다.

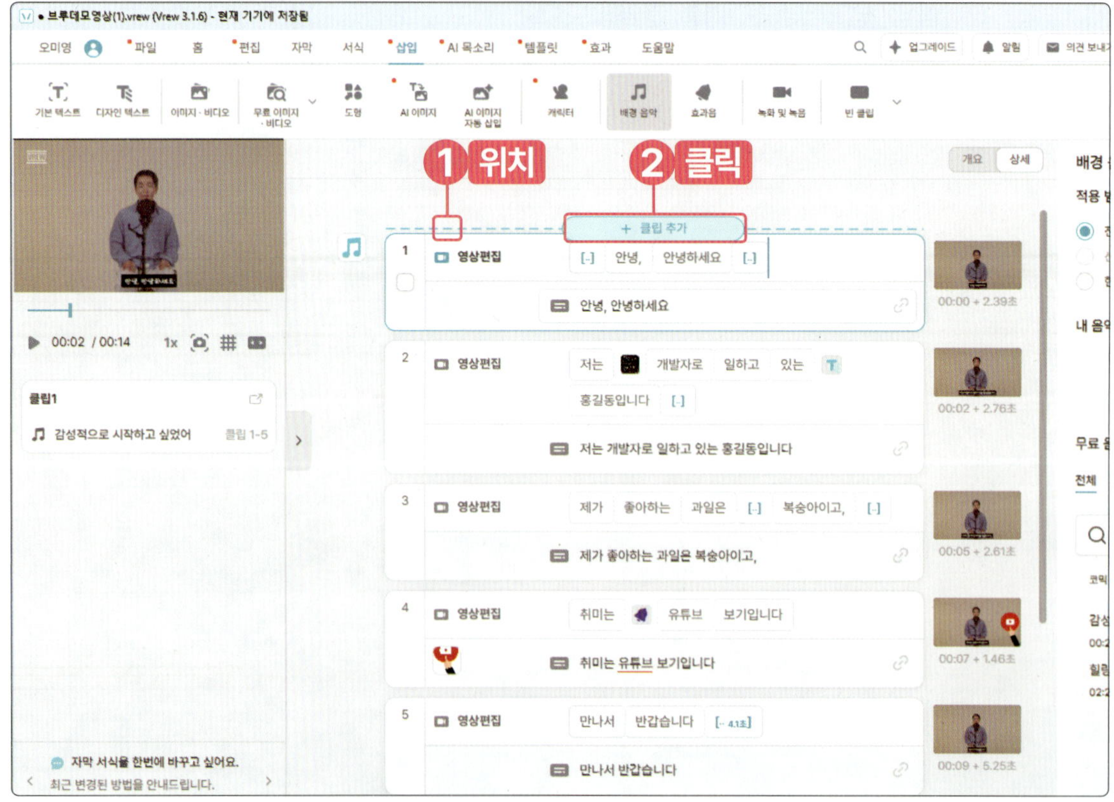

2 AI 목소리 클립, 빈 클립, 이미지 클립, 비디오 클립 중에서 **[빈 클립]을 선택**합니다.

3 생성된 빈 클립에 무료 동영상을 삽입하기 위해 [삽입] 탭에서 **[무료 이미지·비디오( )]를 클릭**합니다. 그런 다음 오른쪽 무료 애셋 검색창에 **"만화 코끼리"라고 입력**한 후 **[비디오] 탭을 클릭**한 다음 **임의의 영상을 클릭**합니다.

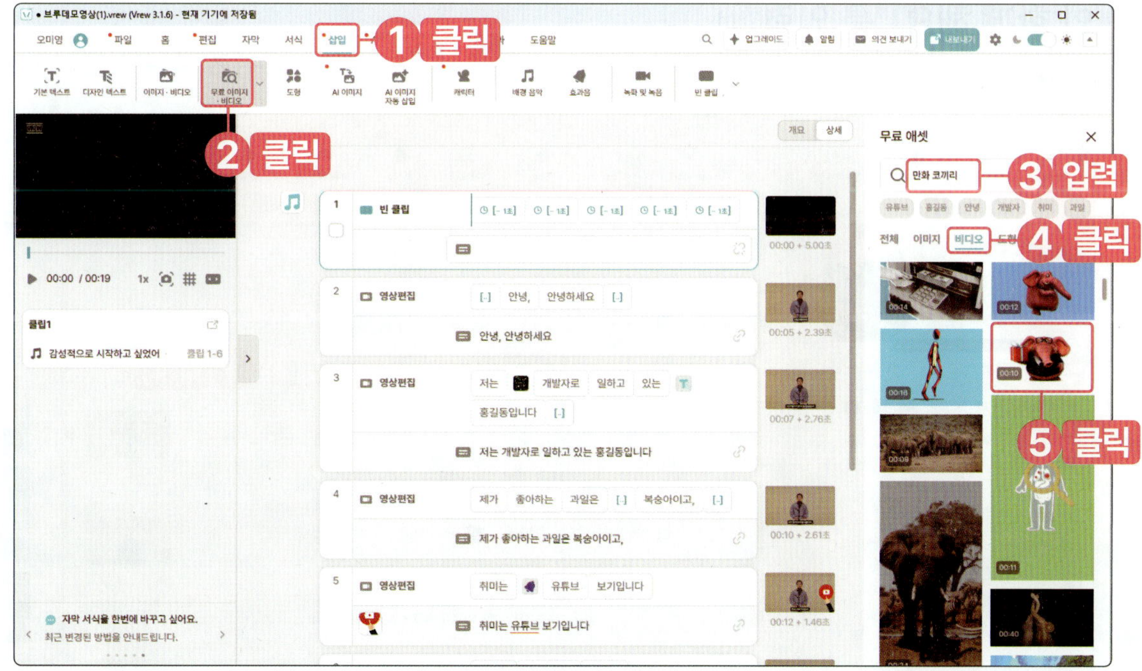

4 플레이 창에서 **재생 버튼을 클릭**하거나 키보드 Tab **키를 눌러 동영상을 재생**합니다.

Step 02 AI 자막 더빙하기

1 삽입된 빈클립(1번 클립)의 자막 편집줄에 **"쉽고 편한 영상 편집기, VREW와 함께 해요!"를 입력**합니다.

2 입력한 자막을 AI목소리로 더빙하기 위해서 [AI 목소리] 탭에서 **[AI 자막 더빙( )]-[현재 클립에 더빙하기]를 클릭**합니다.

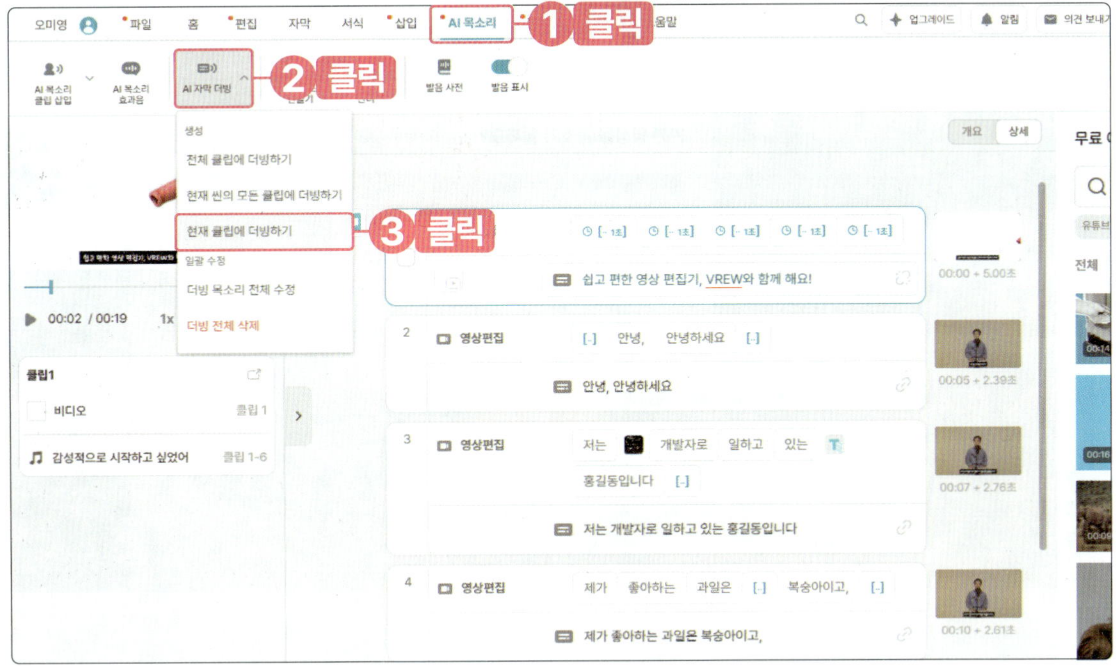

3 무료 AI목소리 중 **[가영]을 선택**한 후 화면 하단에 **[확인] 버튼을 클릭**합니다.

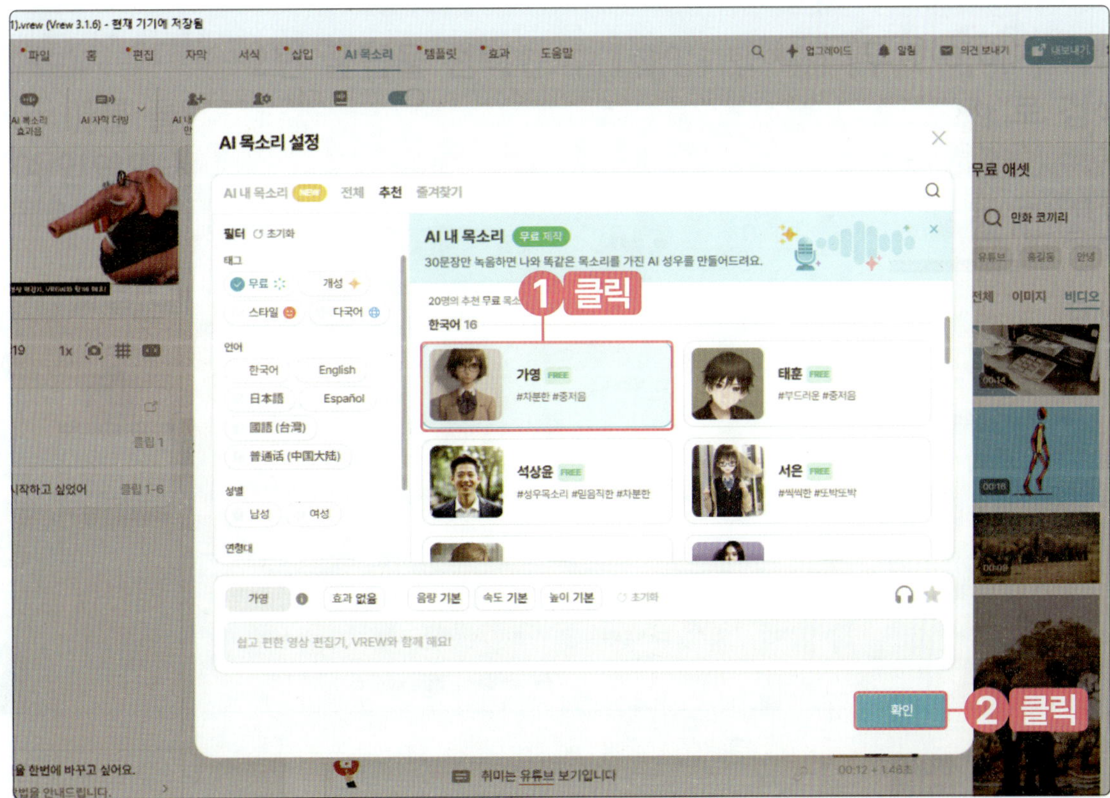

4 원본 영상을 음소거 할까요? 창이 뜨면 **[예] 버튼을 클릭**합니다.

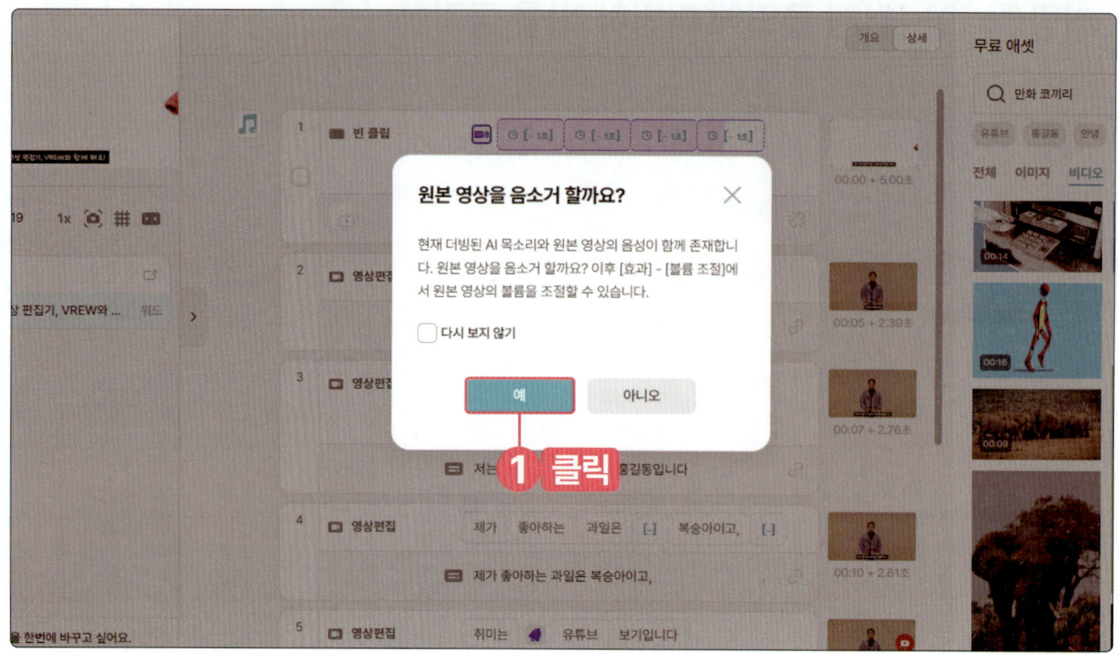

5 AI 목소리 변환이 끝나면 영상 편집줄에 'AI 목소리 더빙( )' 아이콘이 생성됩니다. 플레이 창에서 **[재생] 버튼을 클릭**하여 AI 목소리를 확인합니다.

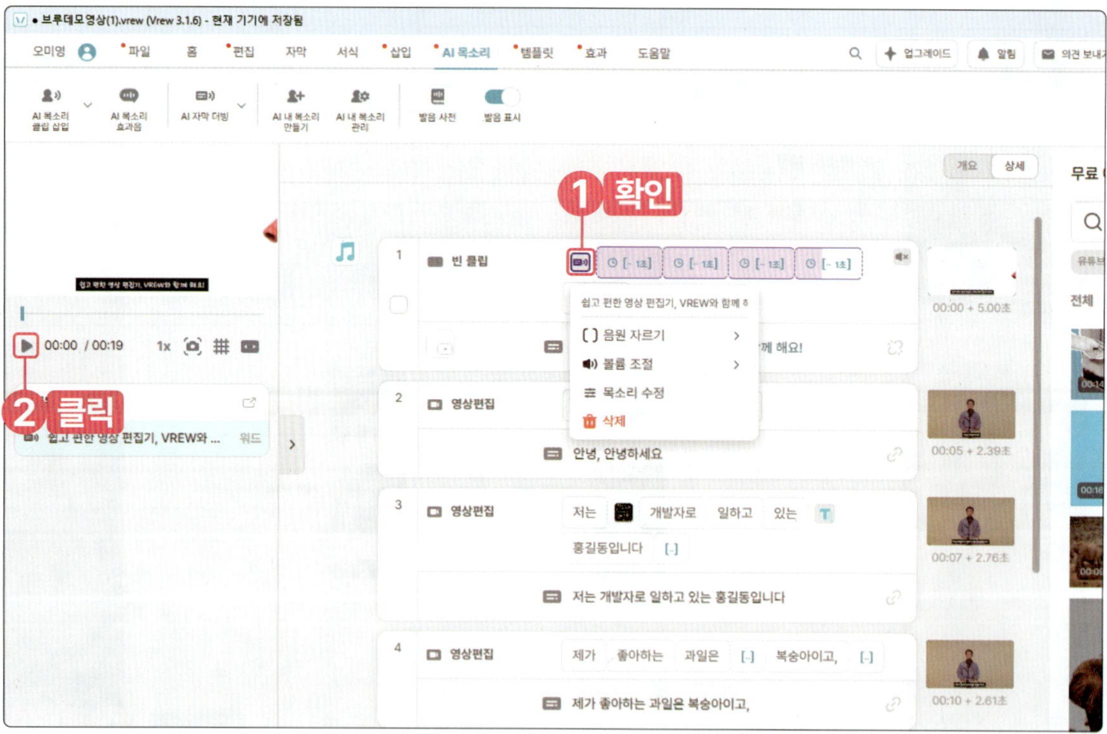

Step 03 특정 클립만 서식 변경하기

1 동영상 표지 제목만 별도의 서식을 지정하기 위해 **1번 클립을 선택**한 후 [서식] 탭에서 **글꼴(넥슨 배찌체), 글자 크기(150), 글자 색깔(흰색), 테두리(하늘색), 배경(없음)을 지정**합니다.

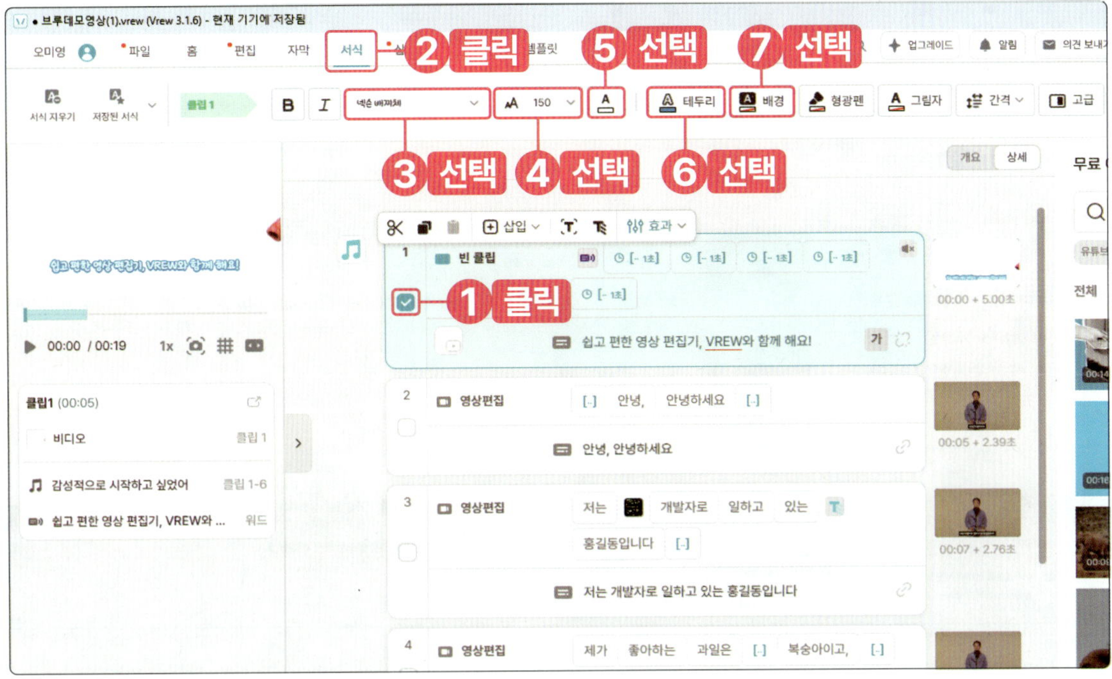

2 플레이 창에서 **'VREW'를 드래그하여 블록으로 지정**한 후 미니 도구상자에서 **글자크기(300), 글자 색깔(하늘색), 테두리 색깔(파랑색)을 지정**합니다.

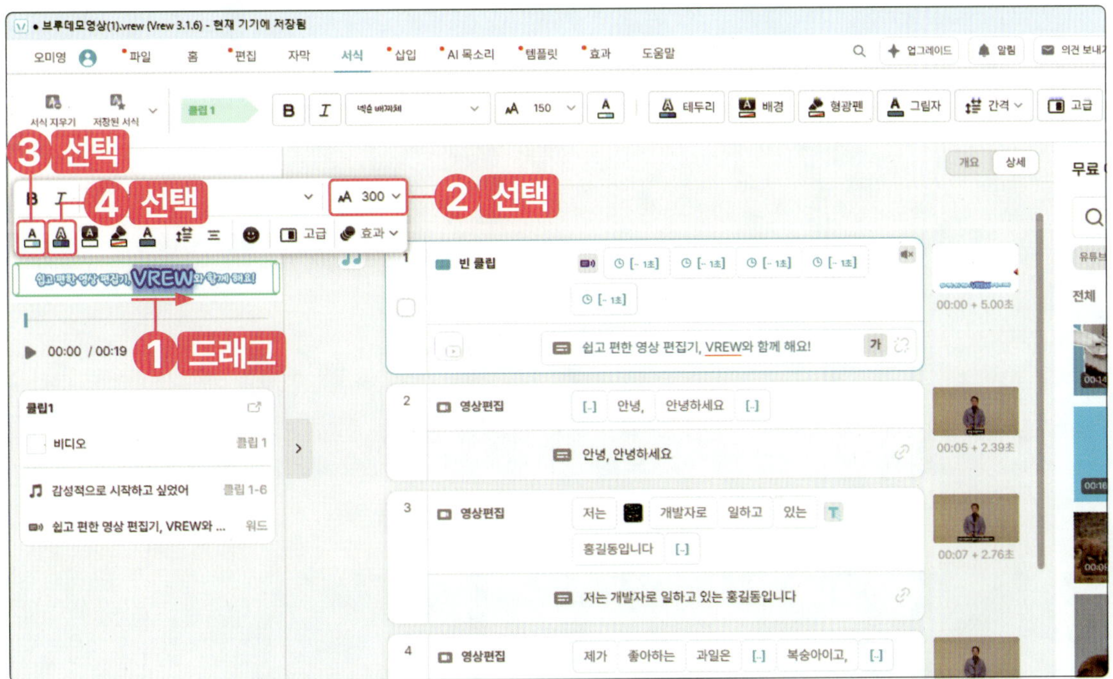

실전 연습 문제

01 브루데모영상(3).vrew 프로젝트 파일을 불러와서 1번 클립 위에 빈 클립을 추가해 보세요.

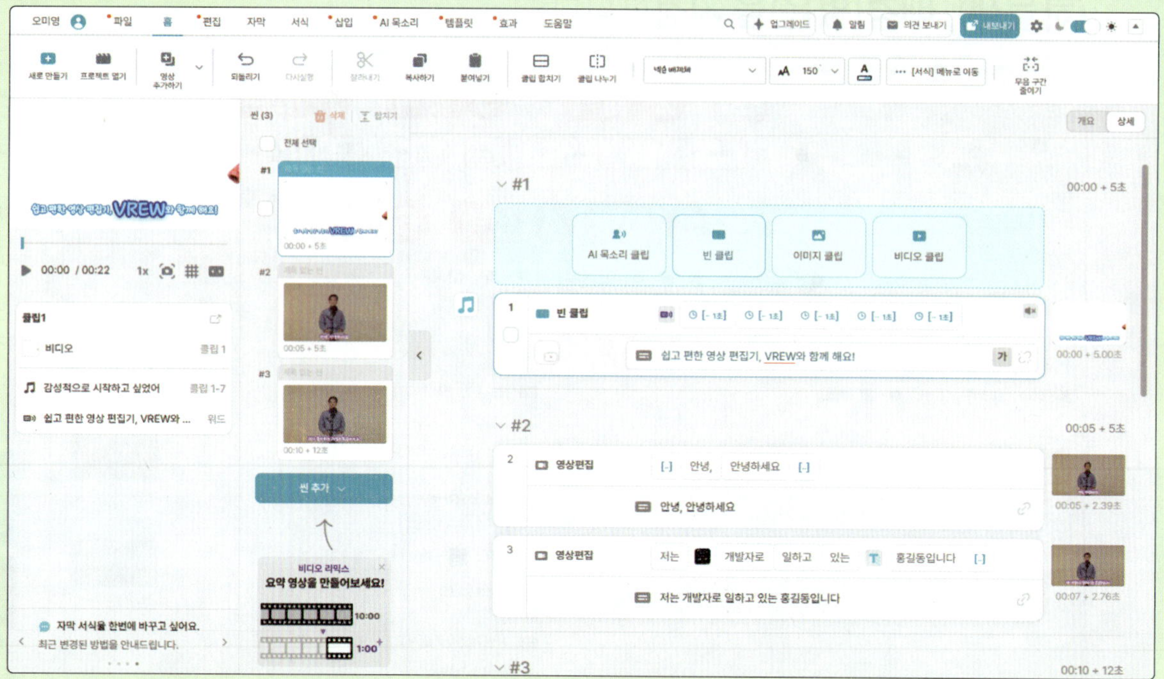

02 1번 문제에 이어서 자막을 “나도 이제 동영상 편집 전문가!”로 입력하고 AI 자막 더빙을 넣어 보세요.

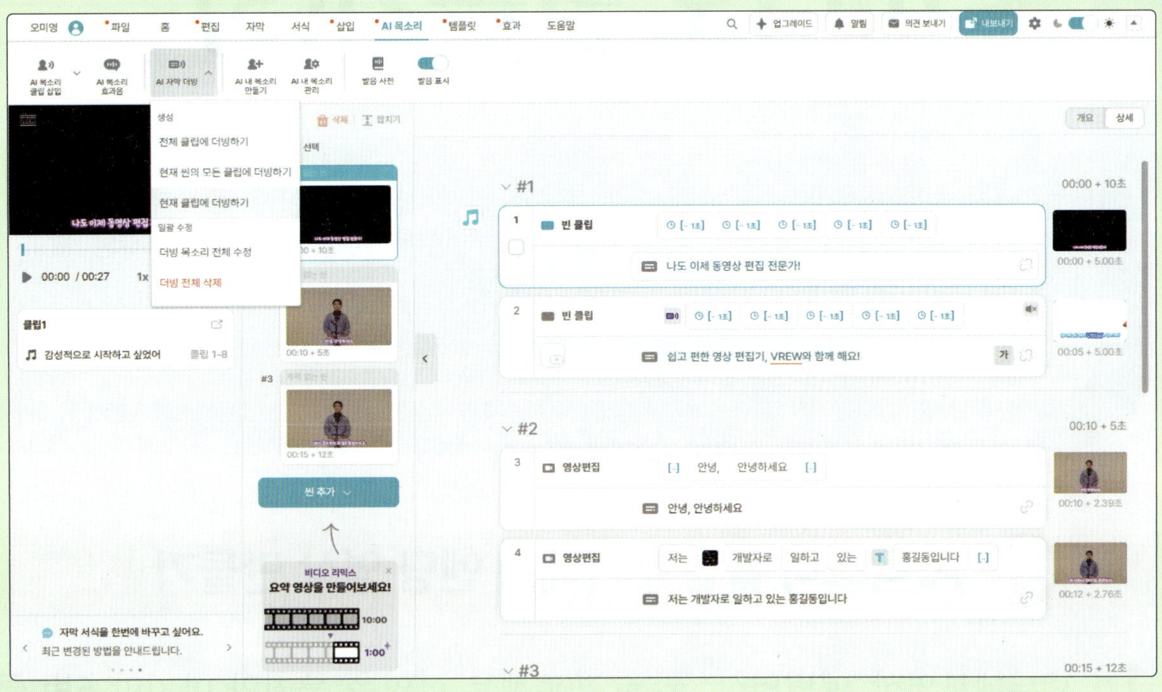

힌트

내가 촬영한 영상으로 비디오 만들기(3)

내가 촬영한 영상을 브루에서 불러오면 인공지능이 음성을 분석하고 분석한 음성을 바탕으로 클립이 구성되면서 동영상의 음성이 자막으로 자동 생성됩니다. 이 클립을 이용해 편집을 진행합니다.

Step 01 AI 목소리 클립 추가해서 엔딩 영상 만들기

1 브루데모영상_엔딩영상.vrew 프로젝트 파일을 불러와 마지막 **6번 클립의 경계선에 마우스 포인터를 위치** 시킨 후 **[+ 클립 추가]를 클릭**합니다.

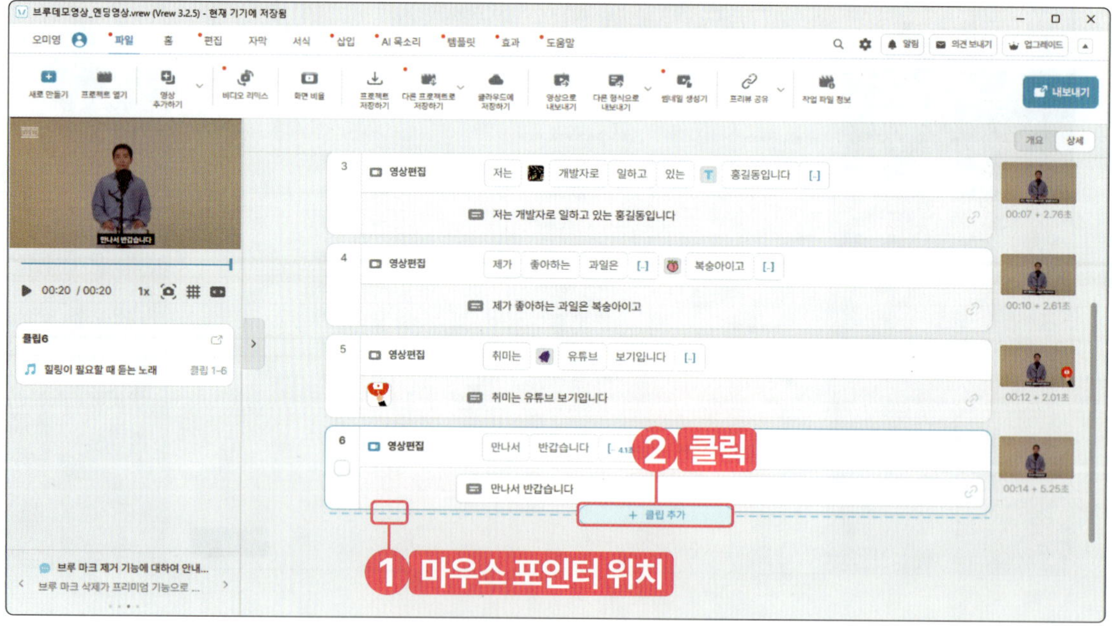

2 AI 목소리 클립, 빈 클립, 이미지 클립, 비디오 클립 중에서 **[빈 클립]을 클릭**합니다.

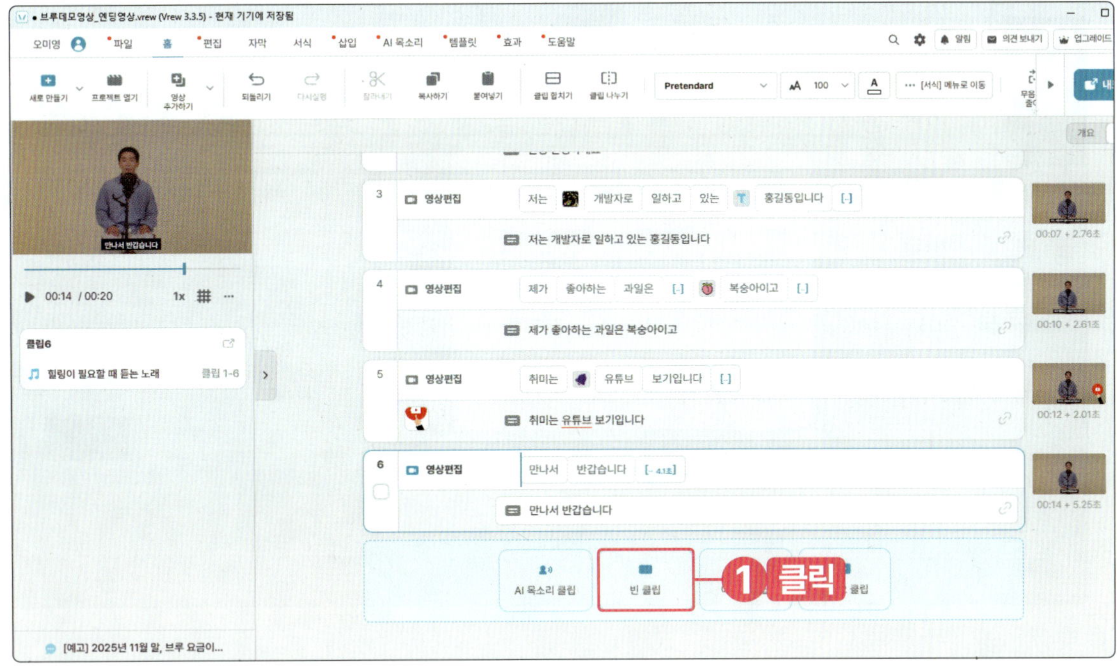

3 클립이 추가되면 7번 클립 자막 편집줄에 **"구독 좋아요 알림은 사랑입니다."를 입력**합니다. 그런 다음 [AI 목소리] 탭에서 **[AI 자막 더빙]-[현재 클립에 더빙하기]를 클릭**합니다.

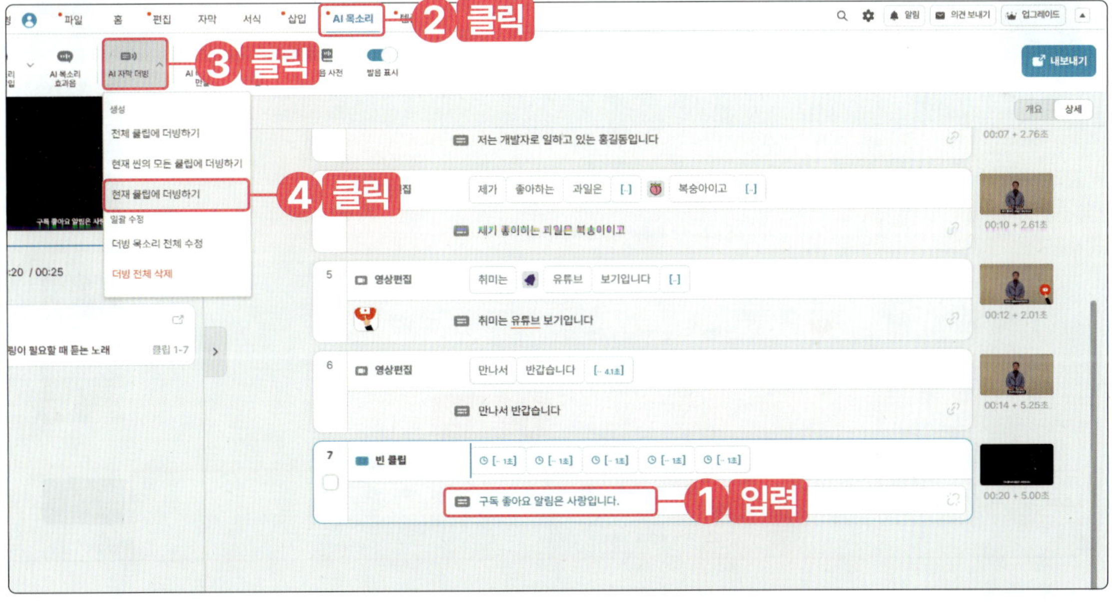

4 [원본 영상을 음소거 할까요?] 창이 나타나면 **[예] 버튼을 클릭**합니다.

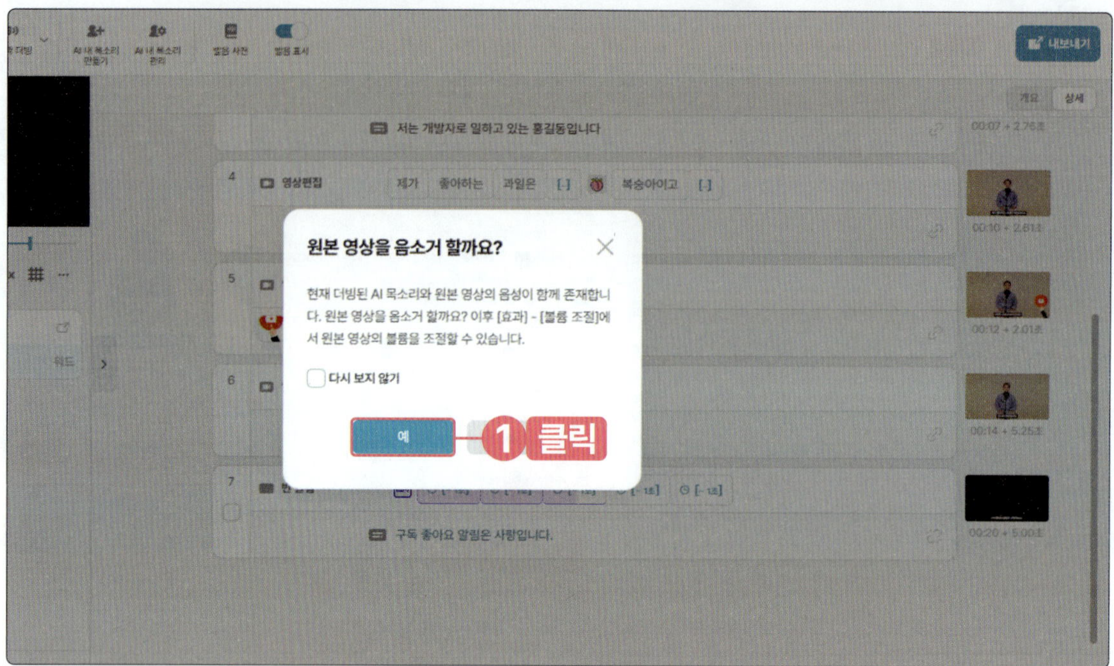

5 다음과 같이 AI 목소리가 만들어집니다.

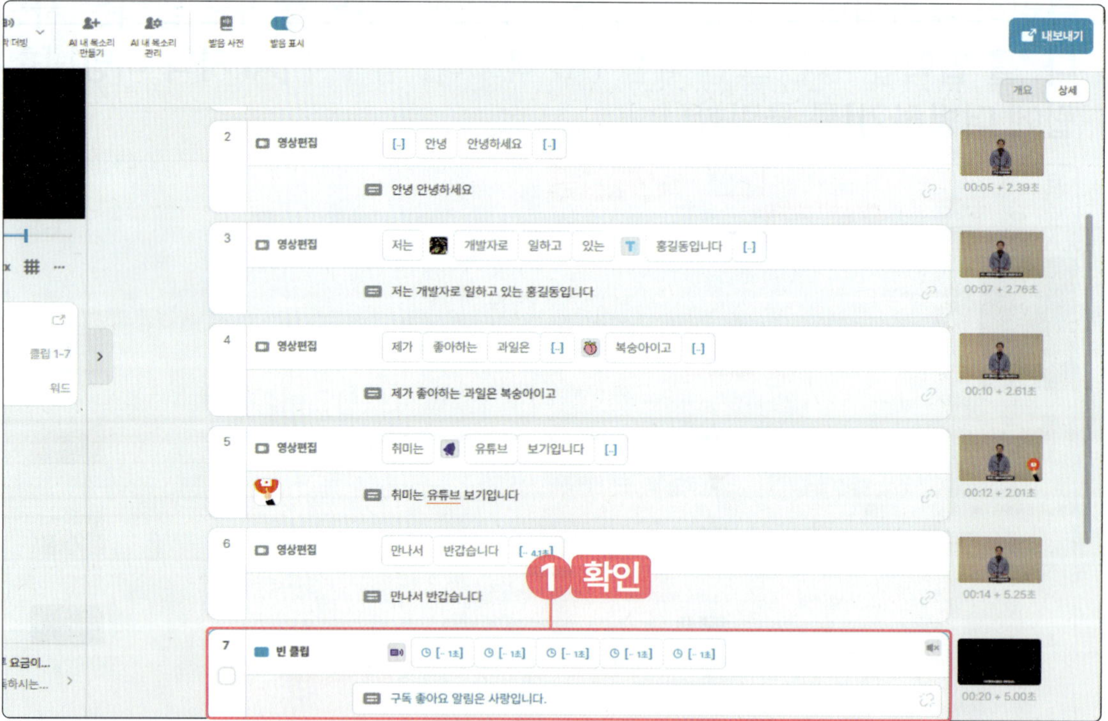

Step 02 클립 배경색과 서식 변경하기

1 7번 클립의 배경색을 바꾸기 위해 [효과] 탭에서 **[클립 배경색( )]을 클릭**합니다. 그런 다음 오른쪽 클립 배경색 창에서 **[적용 범위]-[현재 클립], [현재 색]-[하늘색] 계열을 선택**합니다.

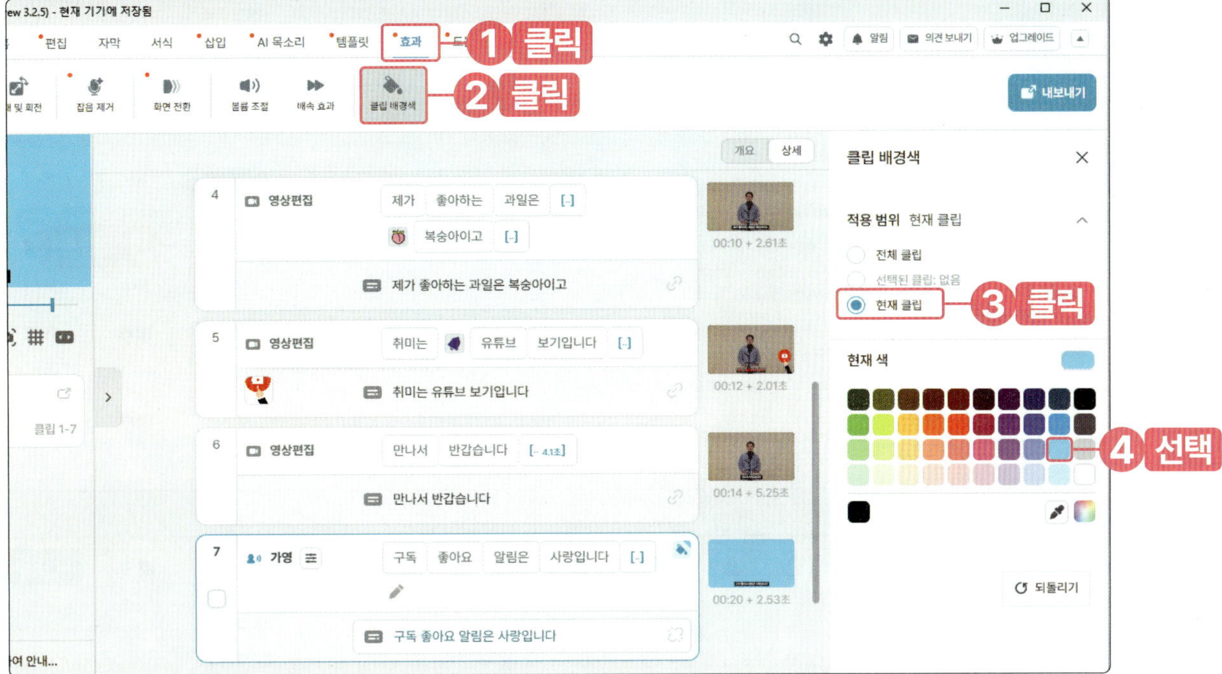

2 [서식] 탭에서 **글꼴(넥슨 배찌체), 글자크기(150), 글자 색깔(흰색), 테두리(자주색), 배경(없음)을 지정**합니다.

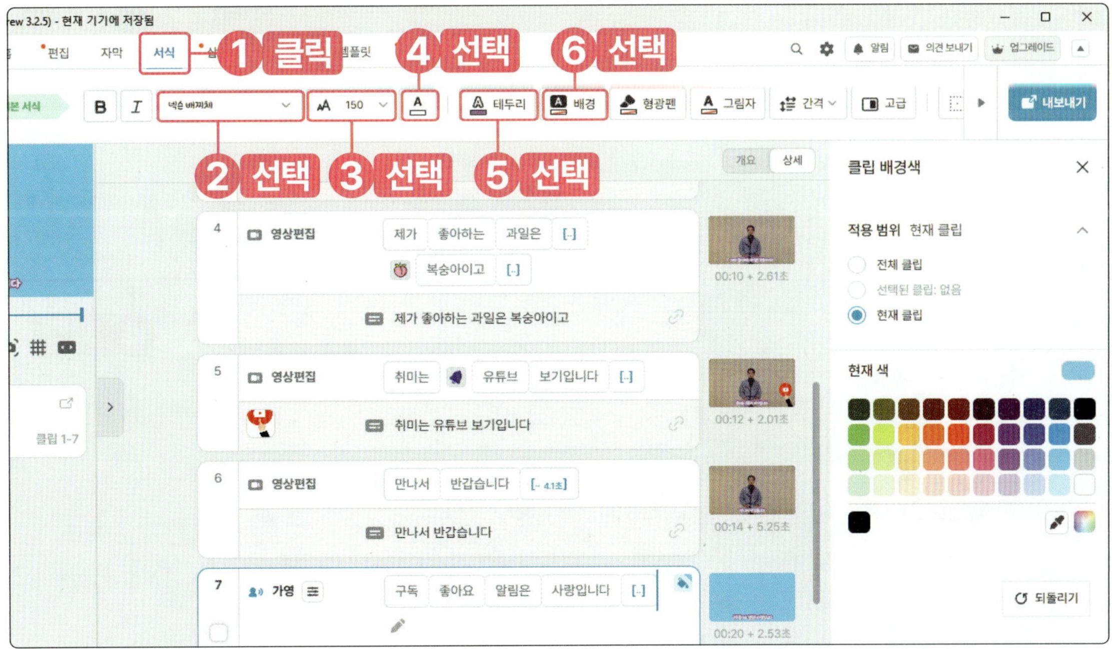

3 [서식] 탭에서 **[효과(◉)]를 클릭**한 후 애니메이션 창에서 **[모든 효과]-[타이핑]을 클릭**한 다음 **속성을 지정**합니다.

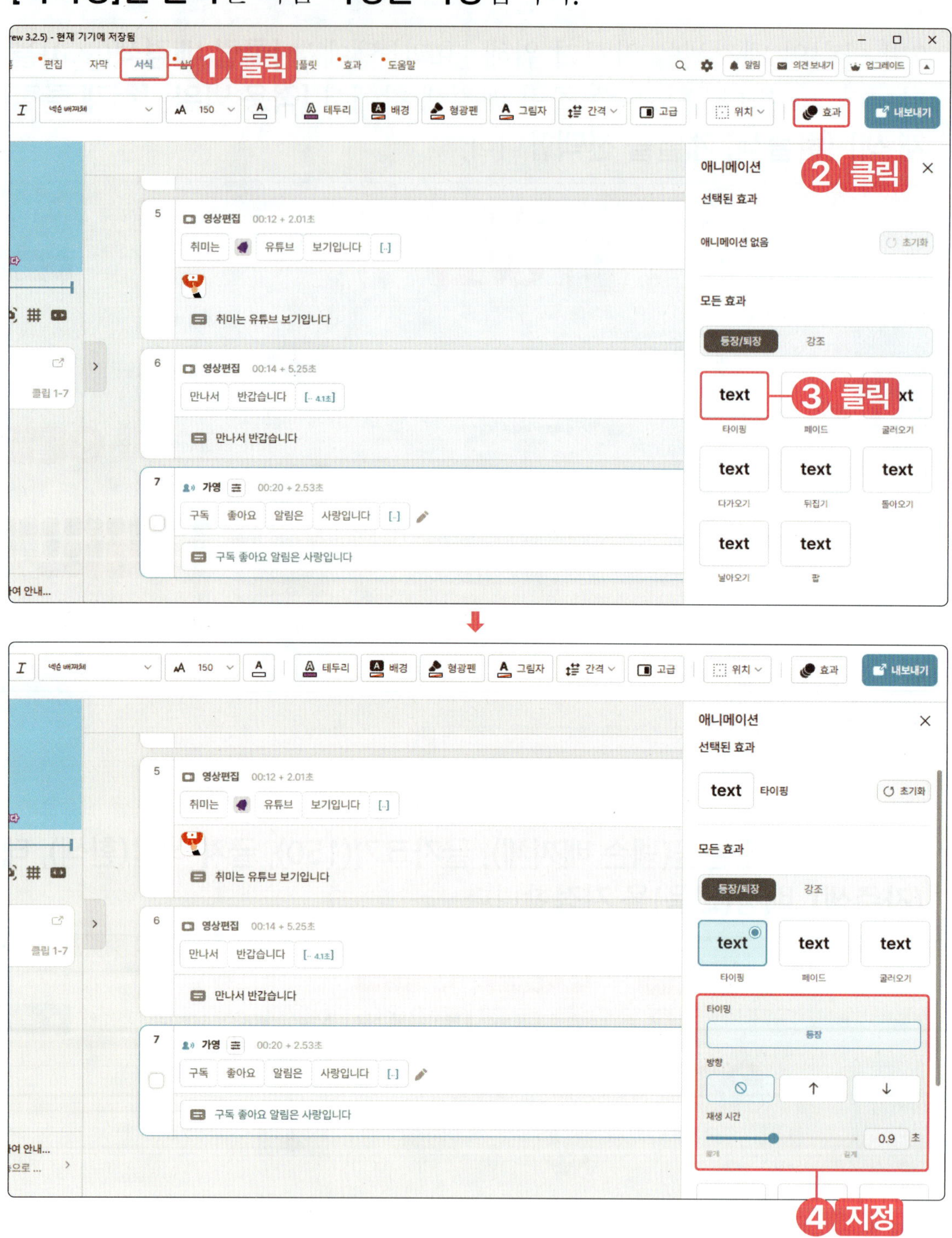

Step 03 나만의 캐릭터 만들기

1 7번 클립이 선택된 상태에서 [삽입] 탭에서 **[캐릭터( )]를 클릭**합니다. 그런 다음 오른쪽 캐릭터 삽입 창에서 **임의의 캐릭터를 선택**합니다.

2 플레이 창에서 삽입된 **캐릭터의 위치 및 크기를 조절**합니다. 그런 다음 7번 클립의 캐릭터 아이콘에서 **[적용 범위 변경]을 클릭**합니다.

3 [적용 범위 변경] 중에서 맨 **마지막의 [직접 입력]을 클릭**합니다.

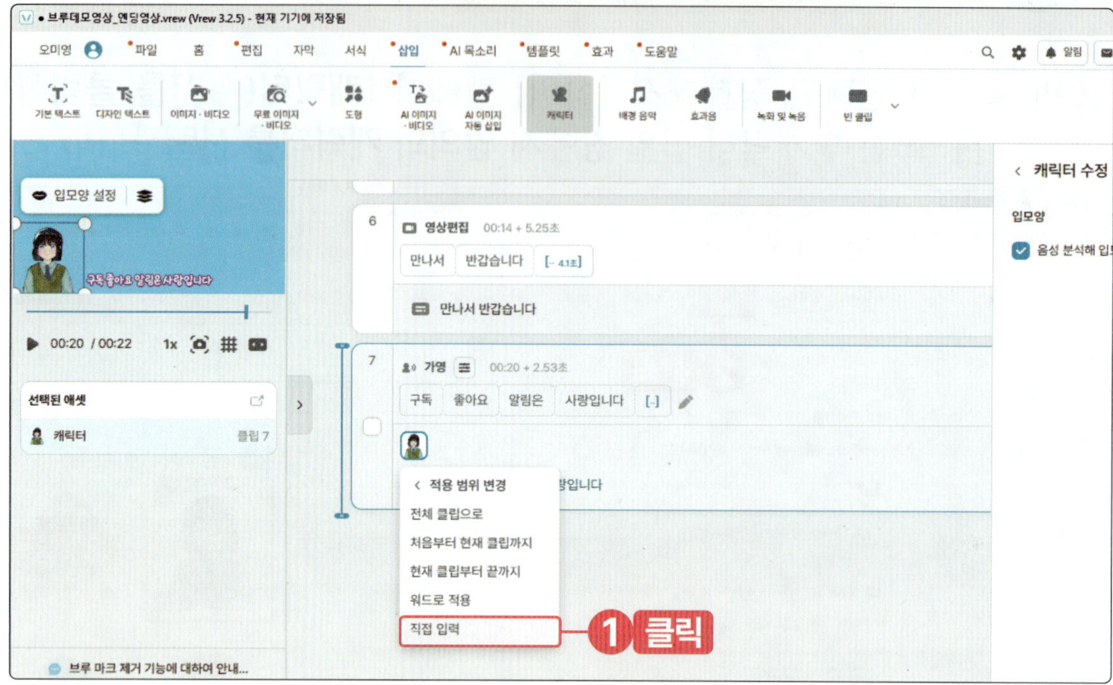

4 직접 입력 창에서 캐릭터가 적용될 **클립 번호(2-7)를 입력**한 후 **[적용]을 클릭**합니다.

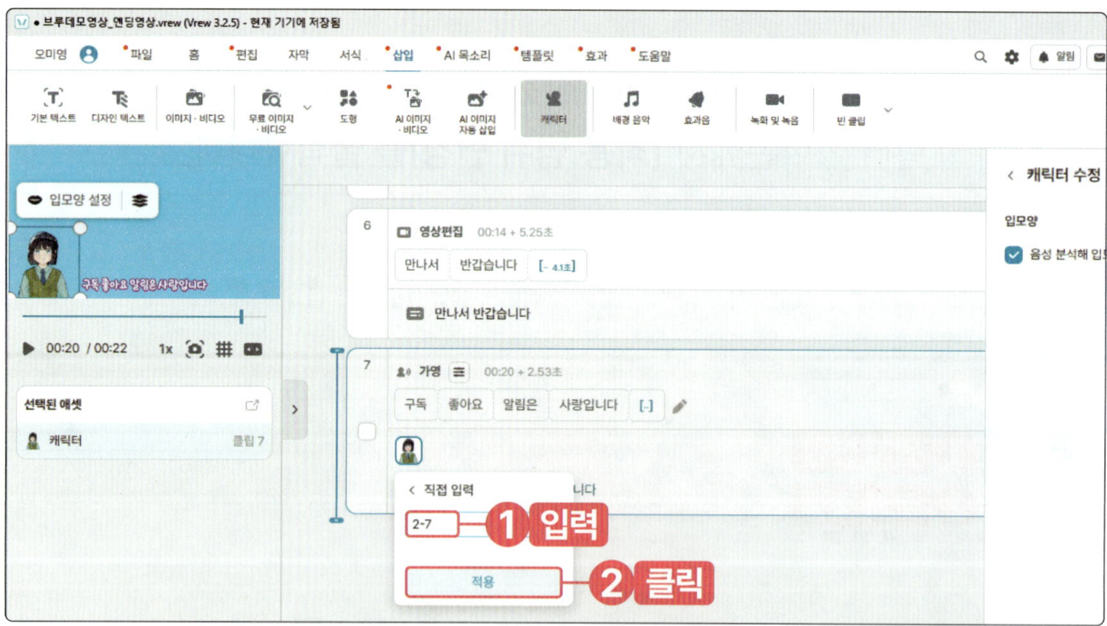

5 다음과 같이 캐릭터가 적용된 범위를 확인할 수 있습니다.

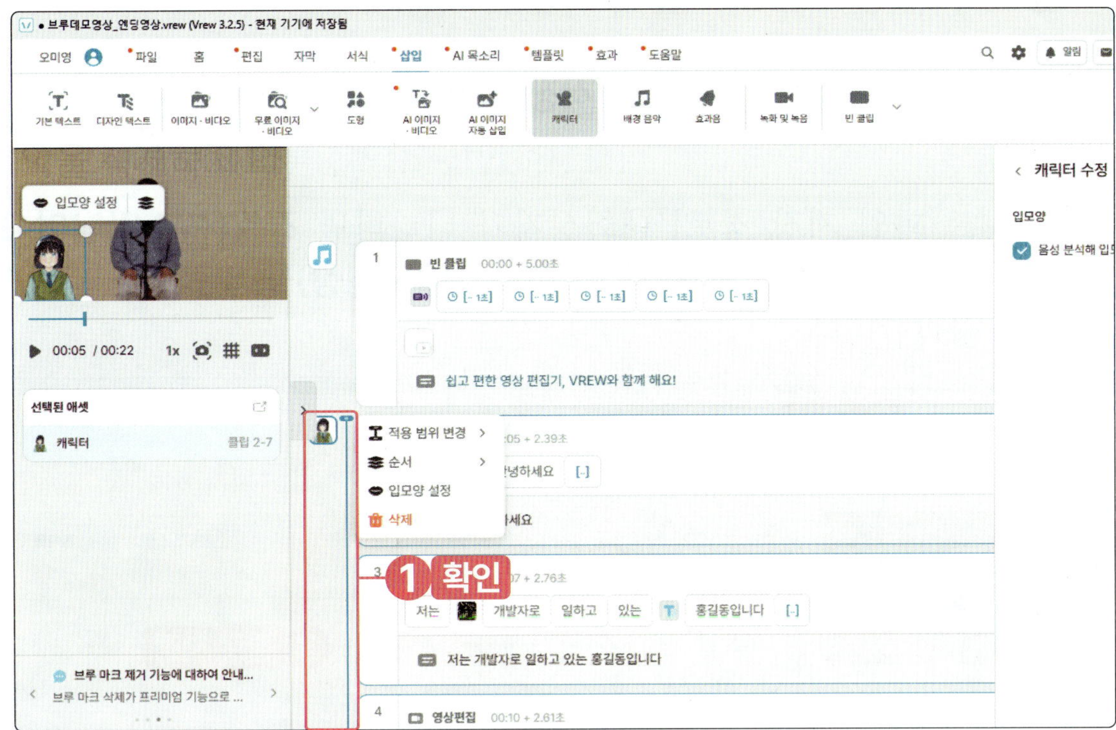

Step 04 프로젝트 저장 및 영상 내보내기

1 [파일] 탭에서 **[다른 프로젝트로 저장하기( )]를 클릭**합니다.

2 [프로젝트 파일 저장 경로] 대화상자가 나타나면 **경로(렉스미디어_브루\데모 영상)을 지정**한 후 **파일 이름(브루데모영상)을 입력**한 다음 **[저장] 버튼을 클릭**합니다.

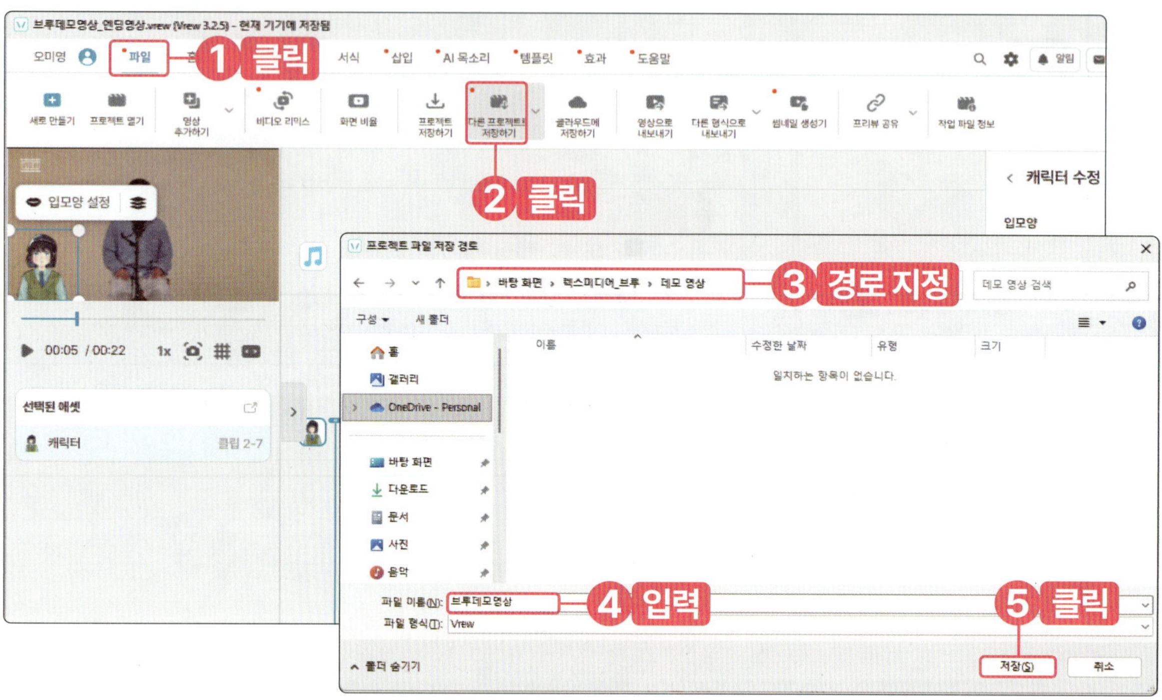

3 영상을 내보내기 위해 **[내보내기]-[영상 파일(mp4)]를 클릭**합니다.

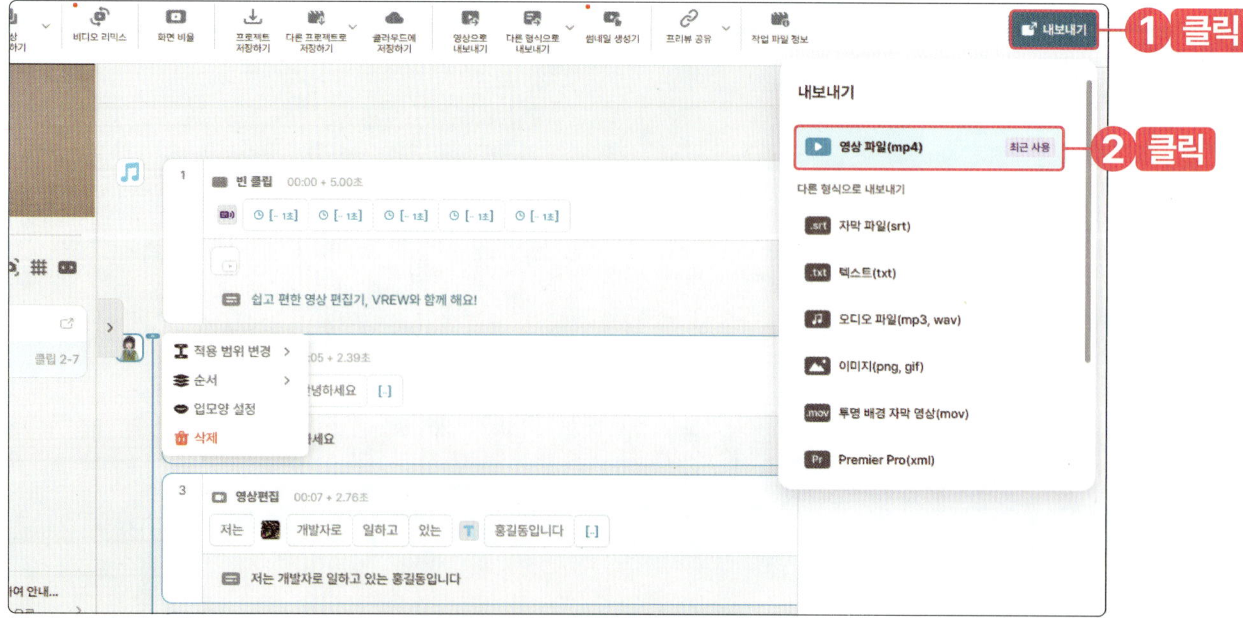

4 [동영상내보내기] 창이 나타나면 **[대상 클립]-'모든 씬, 모든 클립', [해상도]-'원본(1280×720)', [내보내기 설정]-'개선된 내보내기 사용'을 지정**한 후 **[내보내기] 버튼을 클릭**합니다.

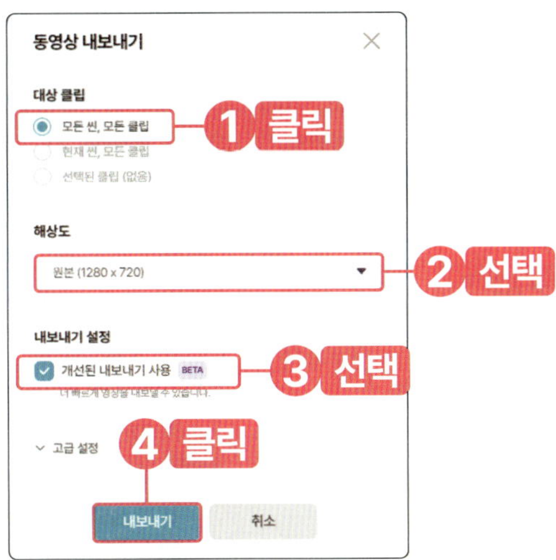

5 [영상으로 내보내기(.mp4)] 대화상자가 나타나면 **경로(렉스미디어_브루\데모 영상)를 지정**한 후 **파일 이름(브루데모영상_내보내기)을 입력**한 다음 **[저장] 버튼을 클릭**합니다.

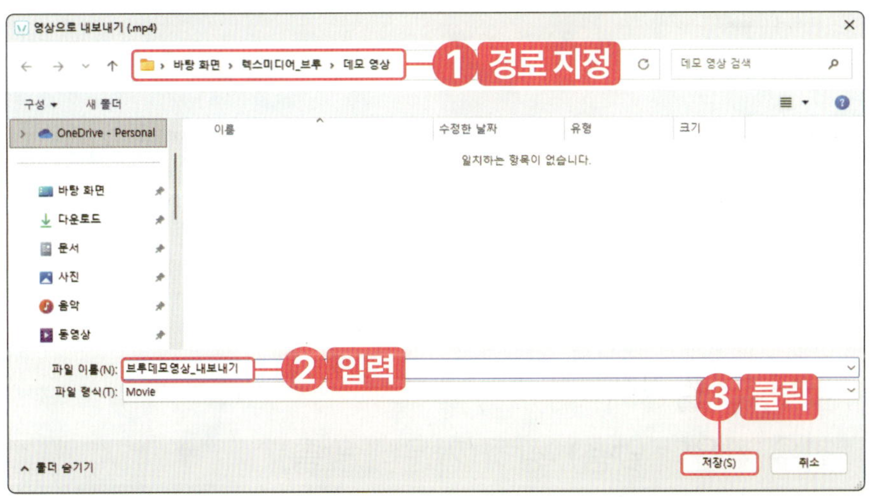

6 [내보내기 완료] 창이 나타나면 **[폴더 열기]를 클릭**한 후 완성된 동영상 파일을 확인합니다.

실전 연습 문제

01 브루데모영상(5).vrew 프로젝트 파일을 불러와서 1번 클립의 검정색 배경색을 파랑색으로 변경해 보세요.

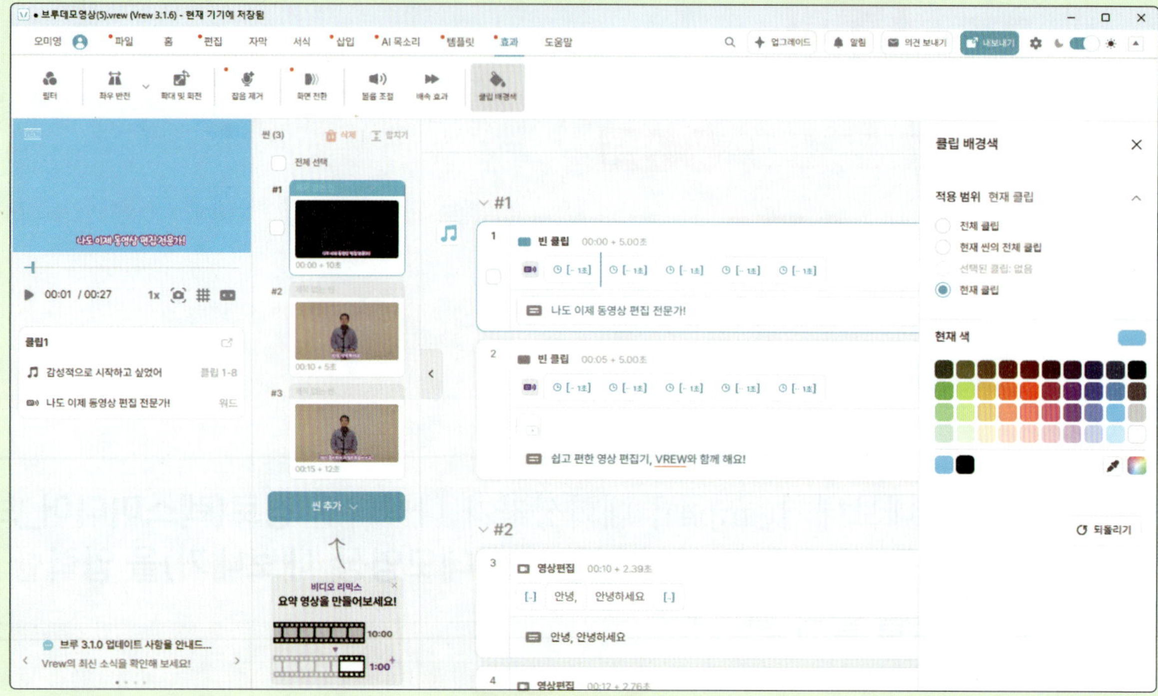

02 1번 클립의 자막 편집줄의 "나도 이제 동영상 편집 전문가!"를 자막 서식을 다음과 같이 변경해 보세요.

① 글꼴 : 나눔스퀘어 네오 Bold

② 글자크기 : 200포인트

③ 글자색: 흰색, 테두리 : 검정색

④ 자막의 위치 : 좌우(가운데 맞춤), 상하(가운데 맞춤)

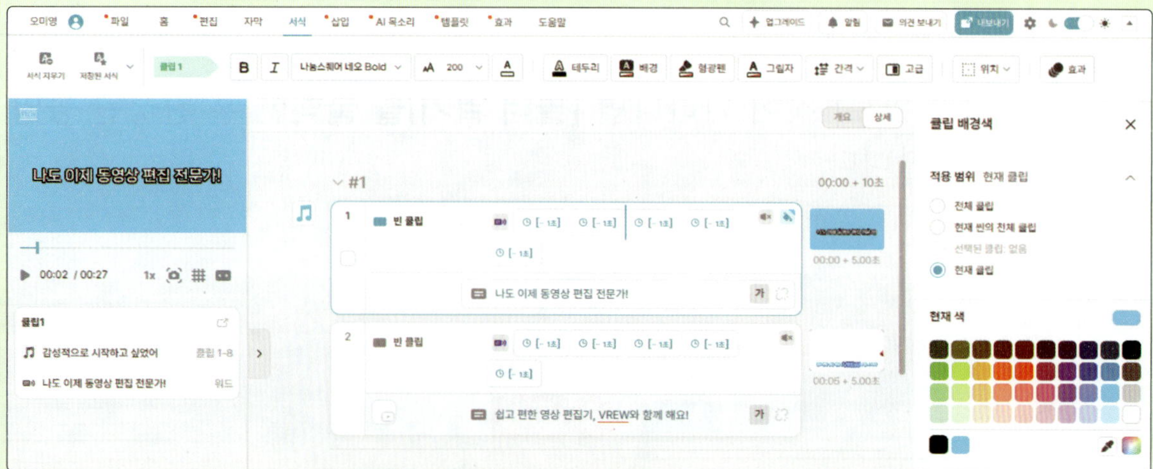

03 1번 클립에서 아래와 같이 캐릭터를 삽입해 보세요.

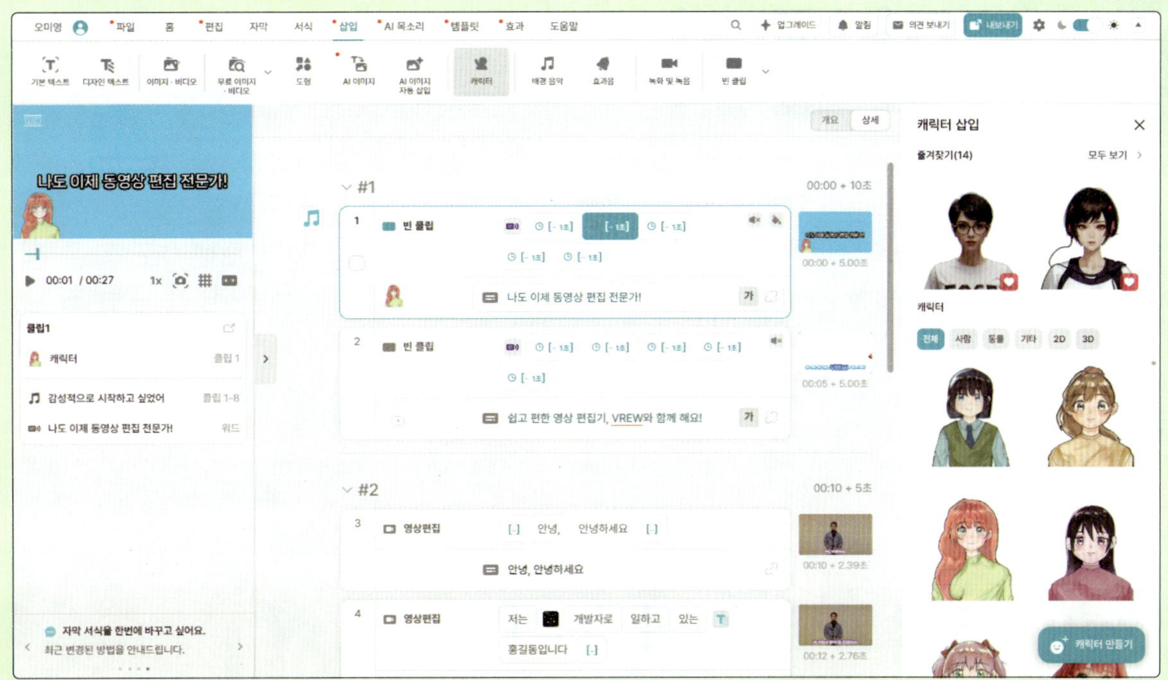

템플릿으로 숏폼 만들기

브루(Vrew)에서 템플릿으로 쇼츠 만들기 기능은, 영상 제작 초보자도 빠르고 간편하게 짧은 영상(YouTube Shorts, Reels, TikTok 등)에 맞는 콘텐츠를 제작할 수 있도록 도와줍니다.

Step 01 영상 및 템플릿 선택하기

1 [파일] 탭에서 **[새로 만들기]를 클릭**합니다. 그런 다음 [AI로 숏폼 만들기] 오른쪽 접혀진 화살표를 클릭하여 **[템플릿으로 숏폼 만들기]를 클릭**합니다.

2 [영상&템플릿 선택] 창이 나타나면 [영상]-**[PC에서 불러오기]를 클릭**합니다.

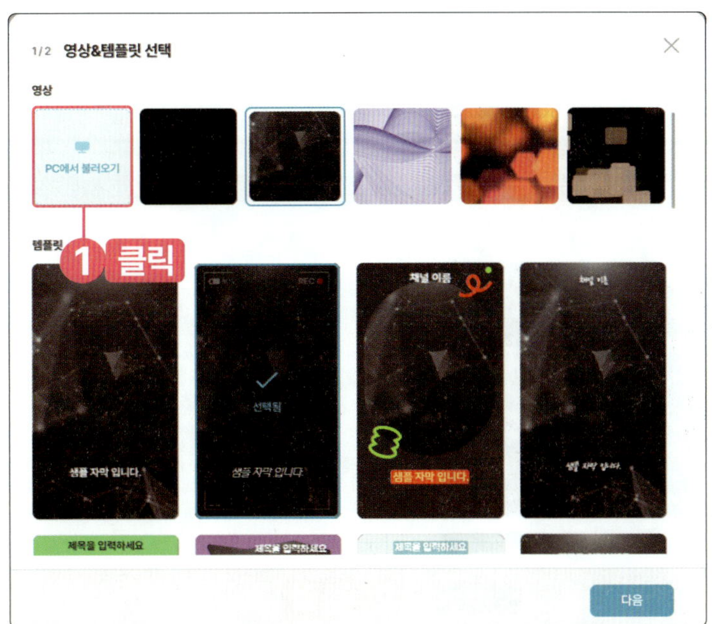

3 [비디오] 대화상자가 나타나면 **경로(렉스미디어_브루\Ch08_따라하기_템플릿쇼츠)를 지정**한 후 **파일(자전거소녀)을 선택**한 다음 **[열기] 버튼을 클릭**합니다.

4 [영상&템플릿 선택] 창에서 템플릿에서 **두 번째 템플릿을 선택**한 후 **[다음] 버튼을 클릭**합니다.

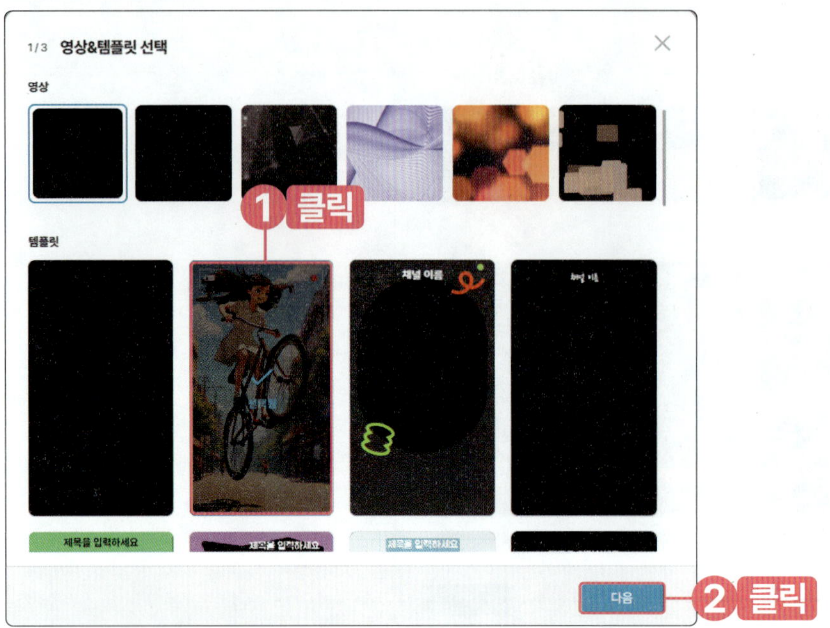

Step 02 음성 분석 및 영상 편집하기

1 [음성분석 언어선택] 창에서 영상에 사람 음성이 없는 경우 **[음성분석 사용 안함] 옵션을 선택**한 후 **[다음] 버튼을 클릭**합니다.

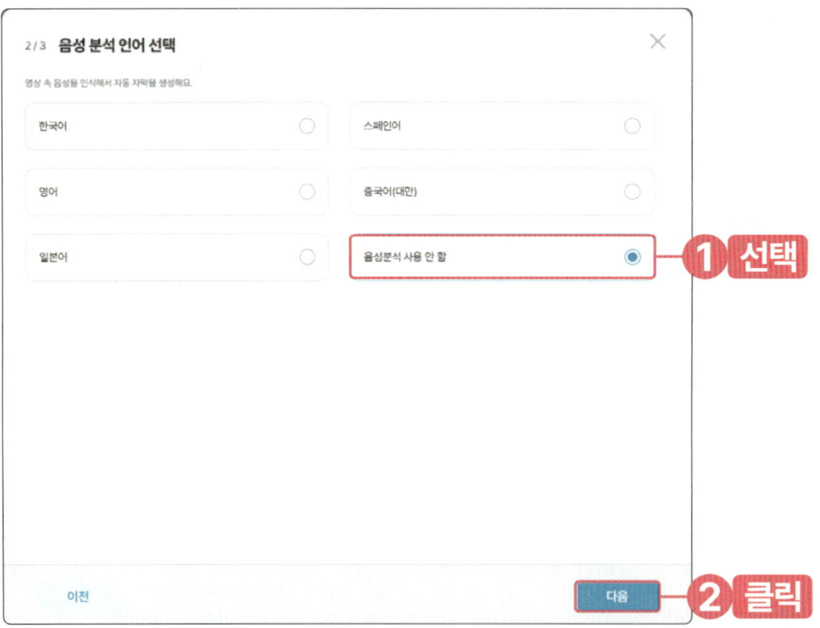

2 [영상 편집] 창에서 화면 배치는 기본상태로 두고 **[애셋추가하기]를 클릭**합니다.

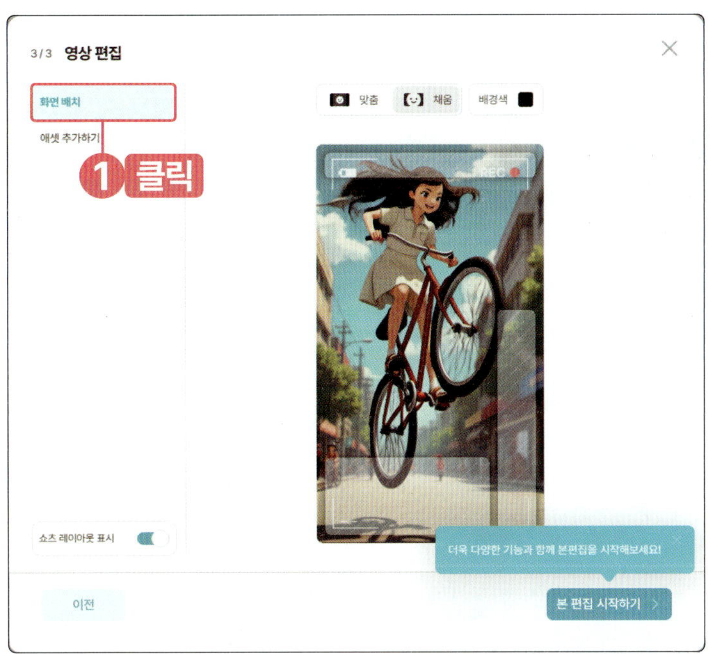

3 [영상 편집] 창의 애셋 추가하기에서 **[텍스트 추가] 버튼을 클릭**합니다.

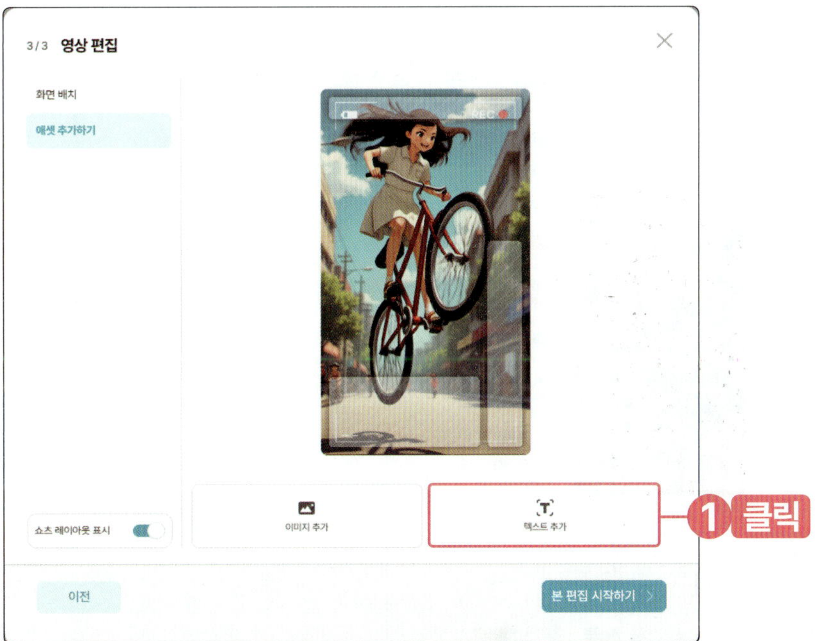

Tip

말풍선이 [텍스트 추가] 버튼을 가리고 있을 경우 화면의 빈 공간을 클릭하면 사라집니다.

4 **두 번째 텍스트 디자인을 선택**합니다.

※ 임의의 디자인 텍스트를 선택해도 됩니다.

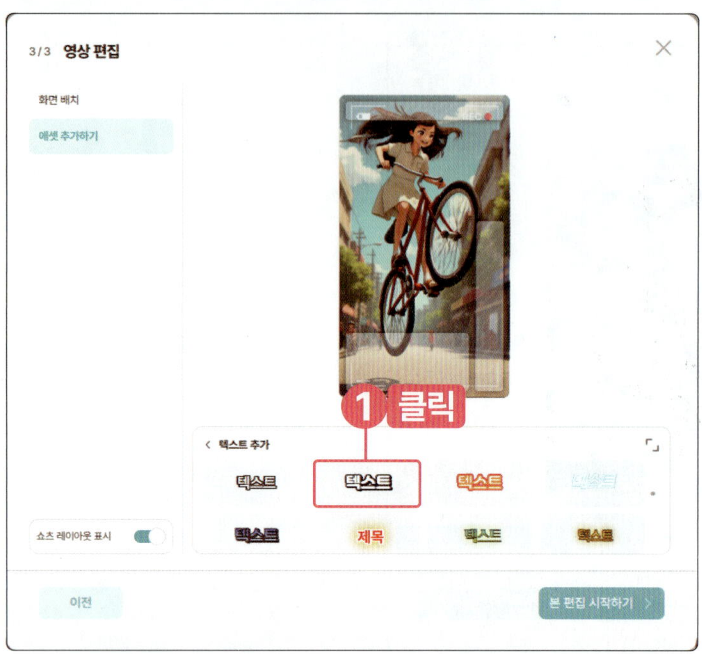

5 영상 미리보기 창에서 **"오쌤 TV"를 입력**한 후 **상자를 드래그하여 위치를 조정**한 다음 **[본 편집 시작하기] 버튼을 클릭**합니다.

※ 영상 미리보기 창에 삽입된 텍스트 상자에 유튜브 채널 이름 또는 동영상 제목을 입력합니다.

Step 03 본 편집 시작하기

1 플레이 창에서 **"오쌤 TV" 텍스트 상자를 클릭**한 후 미니 도구상자에서 **글자 크기(200)를 선택**합니다.

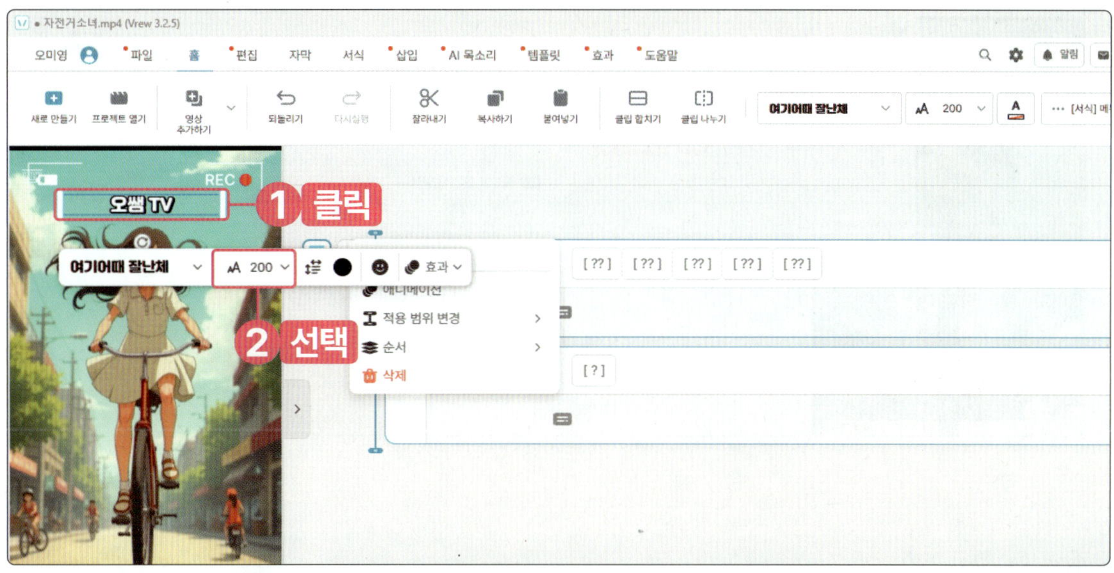

Tip

텍스트 상자를 클릭한 후 위치 및 오타를 수정할 수 있습니다.

2 첫 번째 클립에서 자막줄에 **"오늘도 달린다 달려 와우 신난다~"를 입력**합니다.

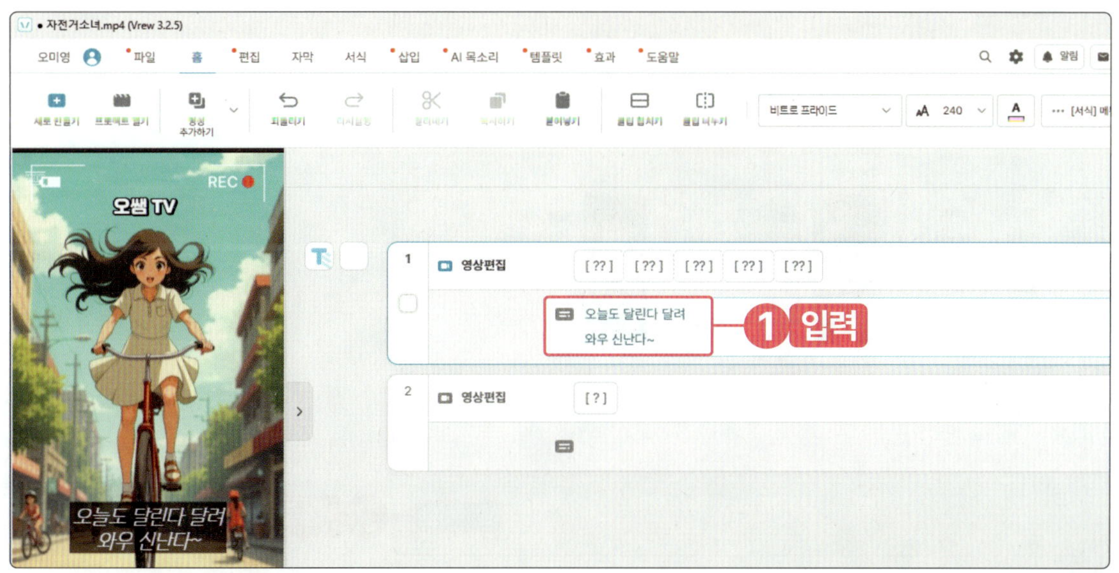

Tip

"오늘도 달린다 달려"를 입력한 후 Enter를 눌러, 줄 바꿈한 다음 "와우 신난다~"를 입력합니다.

3 자막을 입력한 후 [AI 목소리] 탭에서 **[AI 자막 더빙]-[현재 클립에 더빙하기]를 클릭**합니다.

더빙이란?

"더빙(dubbing)"은 기존 영상이나 영화의 대사·내레이션 음성을 다른 음성으로 교체하는 작업을 뜻합니다.

4 [AI 목소리 설정] 창에서 **[가영]을 선택**한 후 **[확인] 버튼을 클릭**합니다.

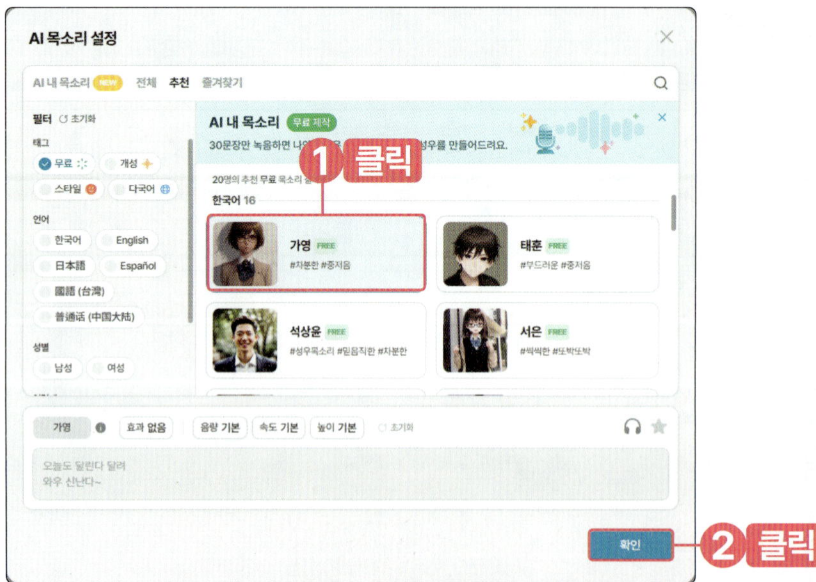

5 '원본 영상을 음소거할까요?' 창에서 **[예] 버튼을 클릭**합니다.

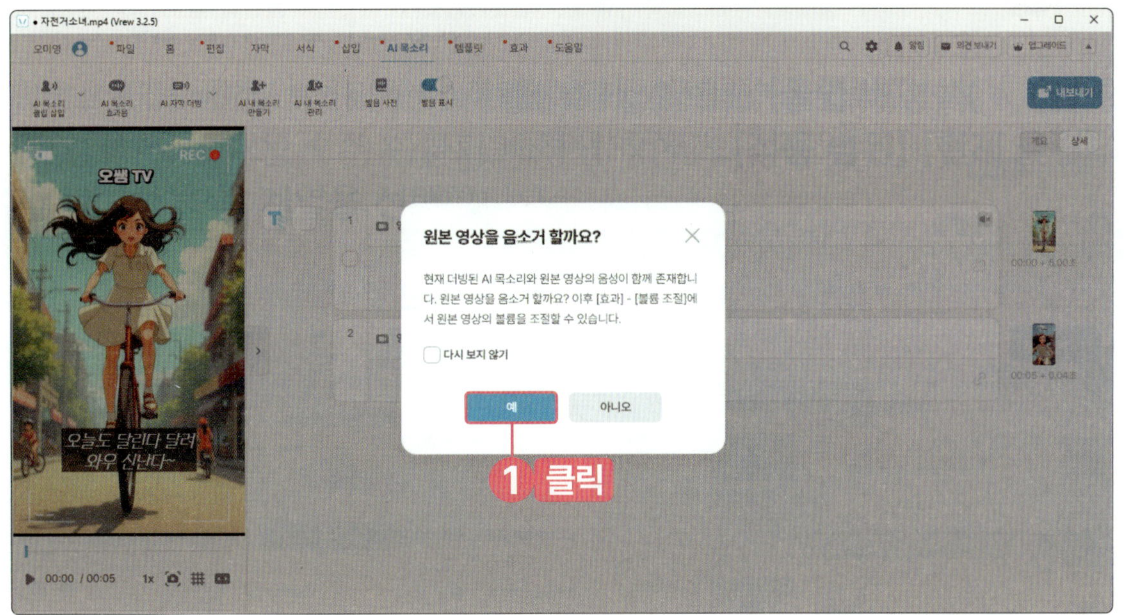

6 AI 목소리 변환이 끝나면 영상 편집줄에 "AI 목소리 더빙( )" 아이콘이 생성됩니다. **플레이 창에서 재생 버튼**을 눌러 AI 목소리를 확인합니다.

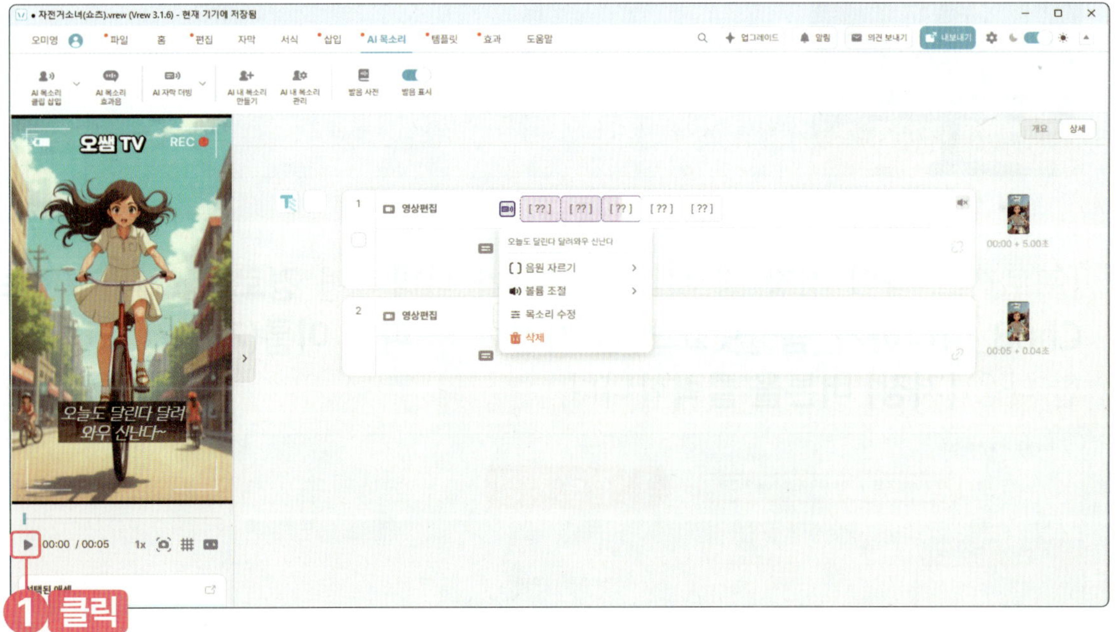

Step 04 프로젝트 저장 및 영상 내보내기

브루(Vrew)에서 프로젝트 저장과 영상 내보내기는 작업한 영상을 안전하게 보관하고, 최종 완성본을 원하는 포맷으로 출력하는 핵심 단계입니다.

1 프로젝트를 저장하기 위해 [파일] 탭에서 **[프로젝트 저장하기( )]를 클릭**합니다.

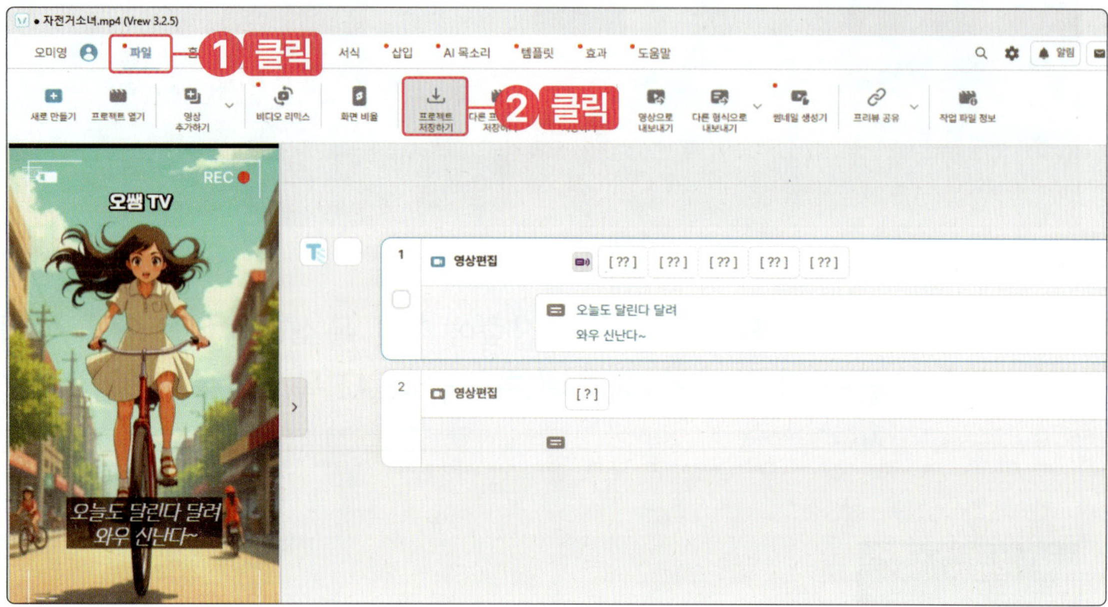

2 [프로젝트 파일 저장 경로] 대화상자가 나타나면 **경로(렉스미디어_브루\Ch08_따라하기_템플릿쇼츠)를 지정**한 후 **파일 이름(자전거 소녀)을 입력**한 다음 **[저장] 버튼을 클릭**합니다.

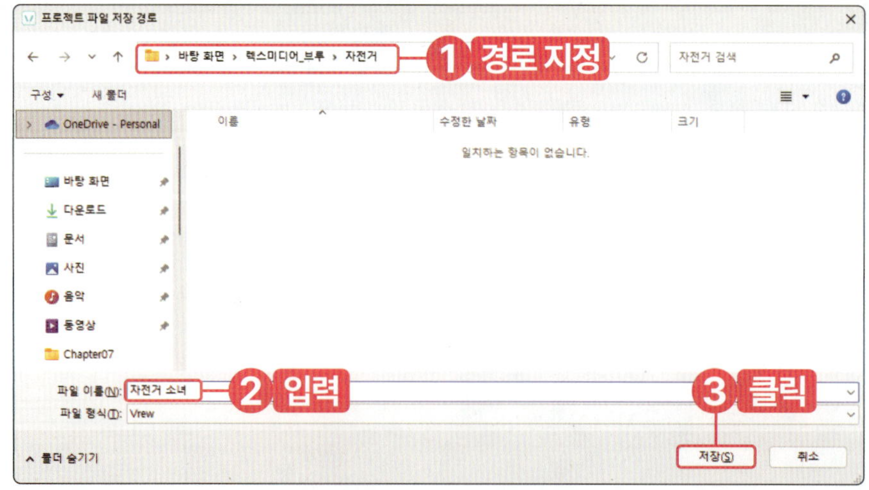

3 영상을 내보내기 위해 **[내보내기]-[영상 파일(mp4)]을 클릭**합니다.

4 [동영상내보내기] 창이 나타나면 **[대상 클립]-'모든 씬, 모든 클립', [해상도]-'원본(1280×720)', [내보내기 설정]-'개선된 내보내기 사용'을 지정**한 후 **[내보내기] 버튼을 클릭**합니다.

원본(1280x720)의 크기는 브루 프로그램 버전에 따라 다를 수 있습니다.

5 [영상으로 내보내기(.mp4)] 대화상자가 나타나면 **경로(렉스미디어_브루\Ch08_따라하기_템플릿쇼츠)를 지정**한 후 **파일 이름(자전거 소녀)을 입력**한 다음 **[저장] 버튼을 클릭**합니다.

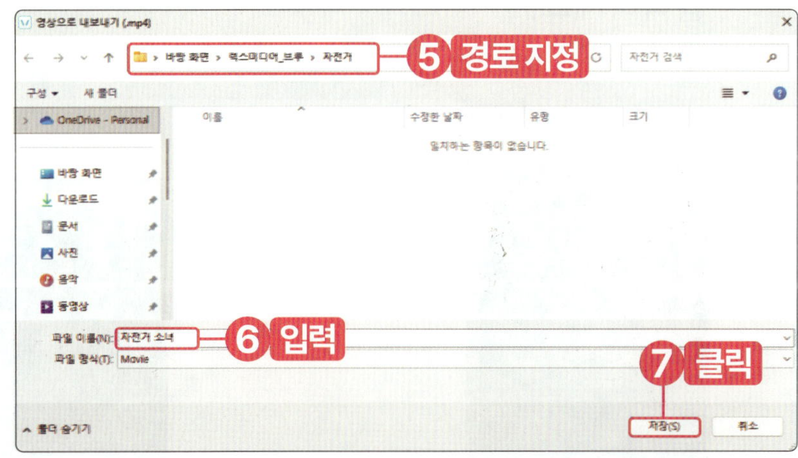

6 [내보내기 완료] 창이 나타나면 **[폴더 열기]를 클릭**한 후 완성된 **동영상 파일을 확인**합니다.

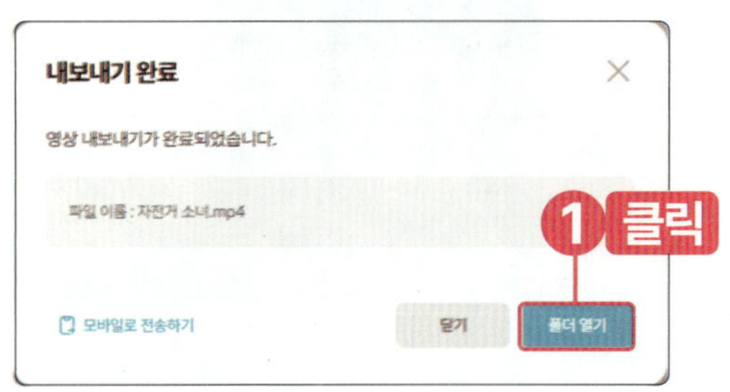

실전 연습 문제

01 템플릿을 이용하여 렉스미디어_브루\Ch08_실전연습문제_인형\안녕.mp4 파일을 불러와서 숏츠를 만들어 보세요.

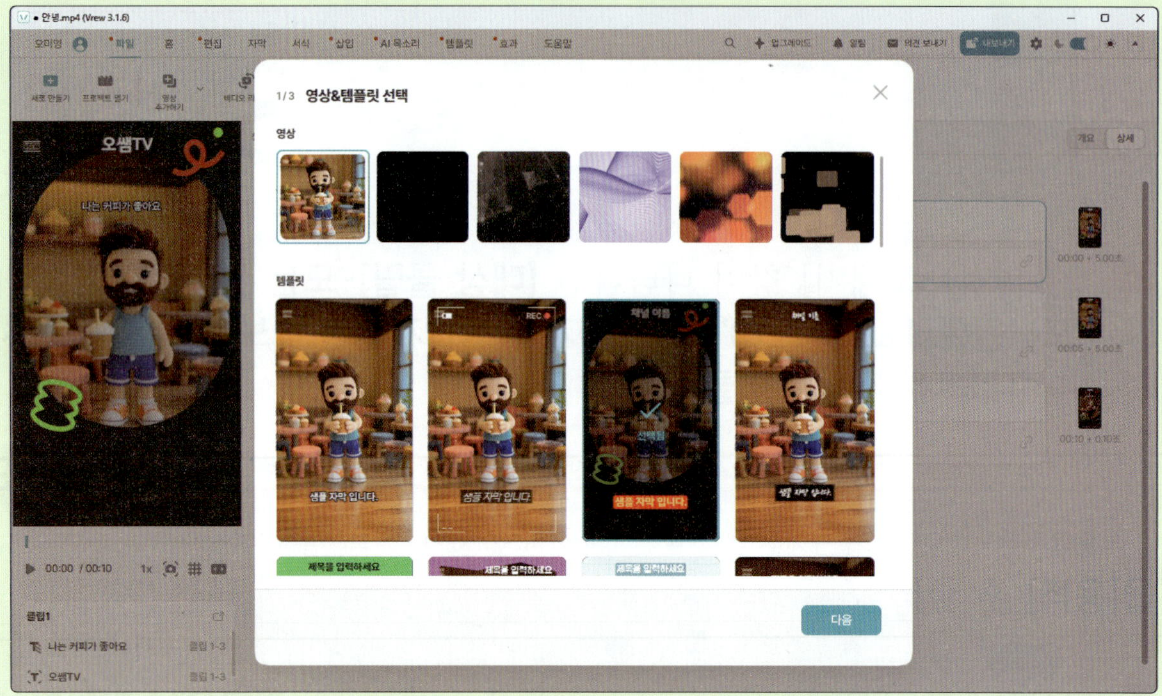

02 영상 편집창 상단의 텍스트 상자에 "스마일오쌤TV"(유튜브 채널이름)로 입력하세요.

03 1번 클립의 자막 편집줄에 다음과 같이 입력하여 "현재 클립에 더빙하기"를 적용하세요.

(자막 편집줄 입력 내용 : 안녕하세요 제 이름은 톰입니다. 저는 커피를 참 좋아하죠)

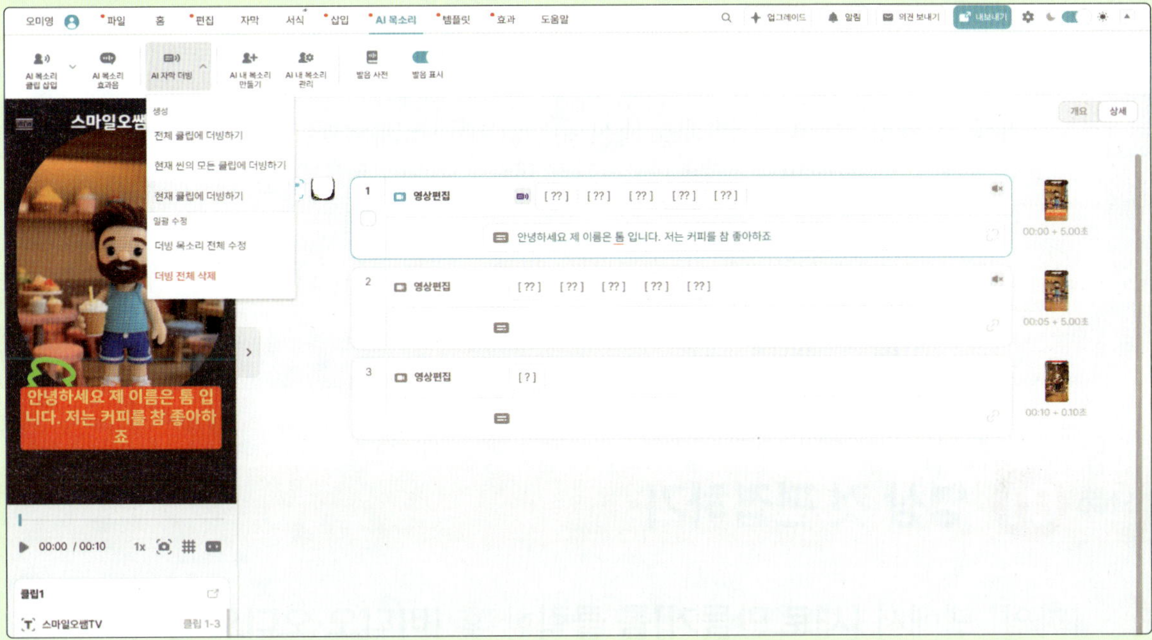

04 2번 클립의 자막 편집줄에 다음과 같이 입력하여 "현재 클립에 더빙하기"를 적용하세요.

(자막 편집줄 입력 내용 : 전 톰 여자 친구 제인이예요 저도 커피를 참 좋아해요)

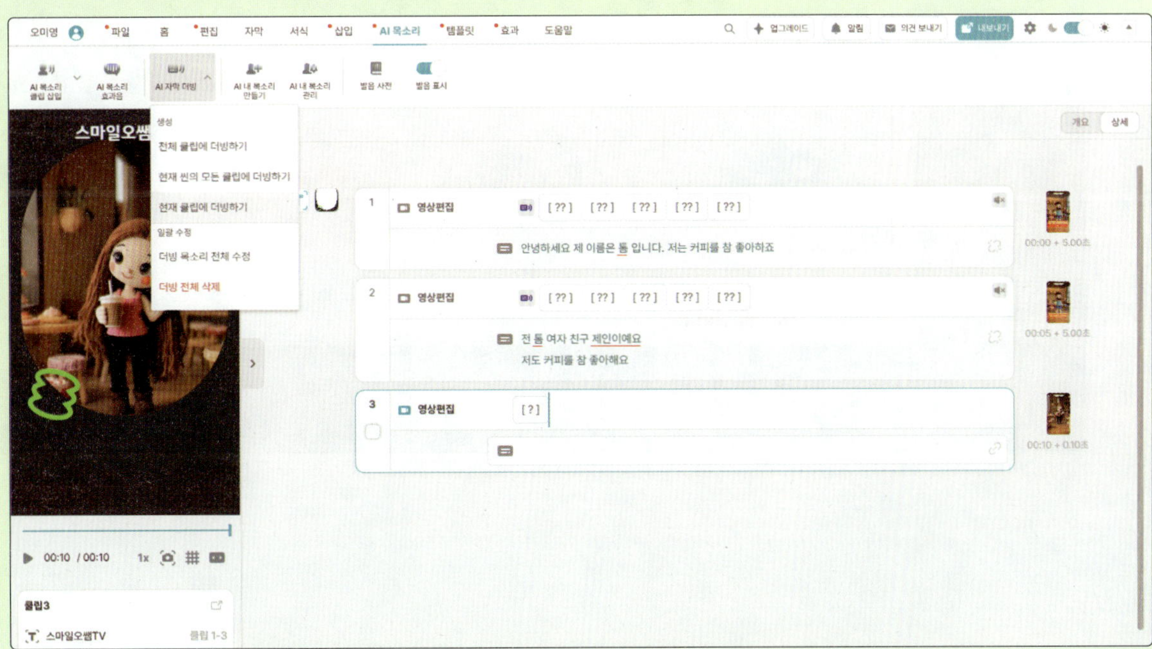

기타 유용한 기능

영상 컷 편집, 씬 추가, 썸네일 생성 등, 알아 두면 매우 유익한 VREW의 기타 유용한 기능을 살펴보겠습니다. 프로그램이 업데이트되어 [새로 만들기] 시작 화면만 조금 달라졌습니다.

Step 01 영상 컷 편집하기

1 [파일] 탭에서 **[새로 만들기]를 클릭**한 후 **[비디오·오디오 불러오기]를 클릭**합니다.

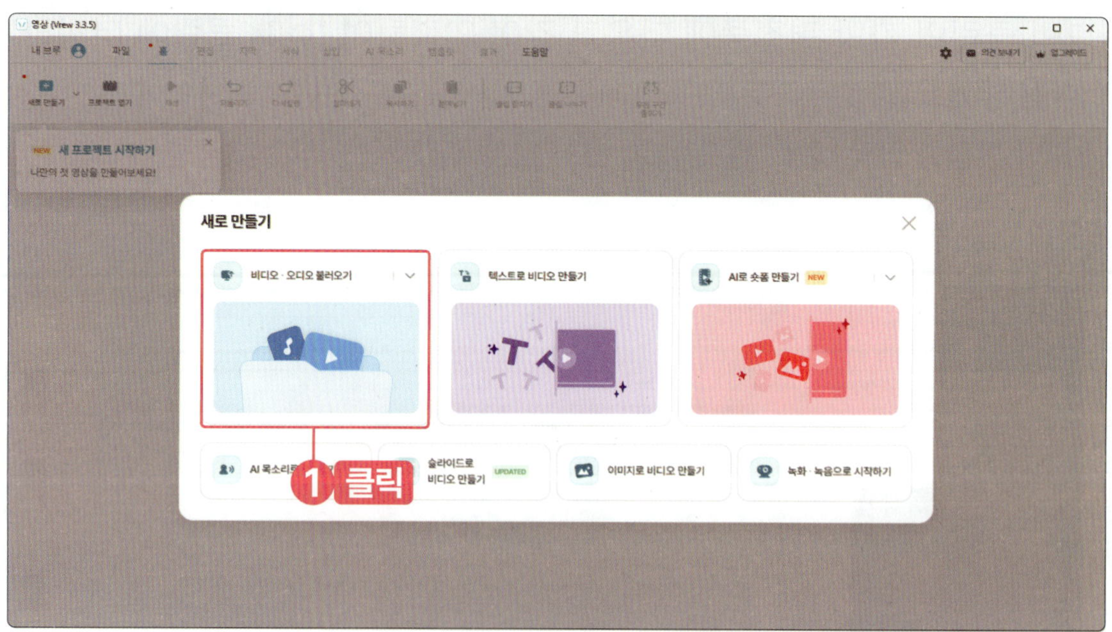

2 [비디오·오디오 불러오기] 대화상자가 나타나면 **경로(렉스미디어_브루\Ch09_기타 유용한 기능)를 지정**한 후 **파일(인트로)을 선택**한 다음 **[열기] 버튼을 클릭**합니다.

3 [영상 불러오기] 창에서 영상 속 음성은 사용하지 않기 위해서 **음성분석은 비활성화**한 후 **[확인] 버튼을 클릭**합니다.

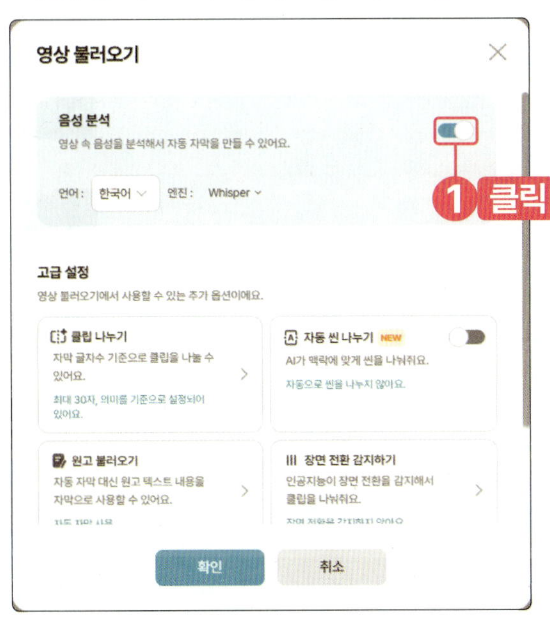

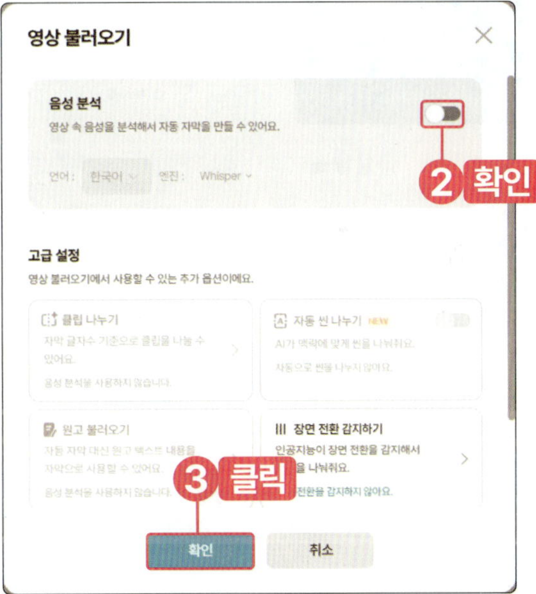

4 1번 클립을 선택한 후 [Delete] 키를 눌러 불필요한 클립을 삭제합니다.

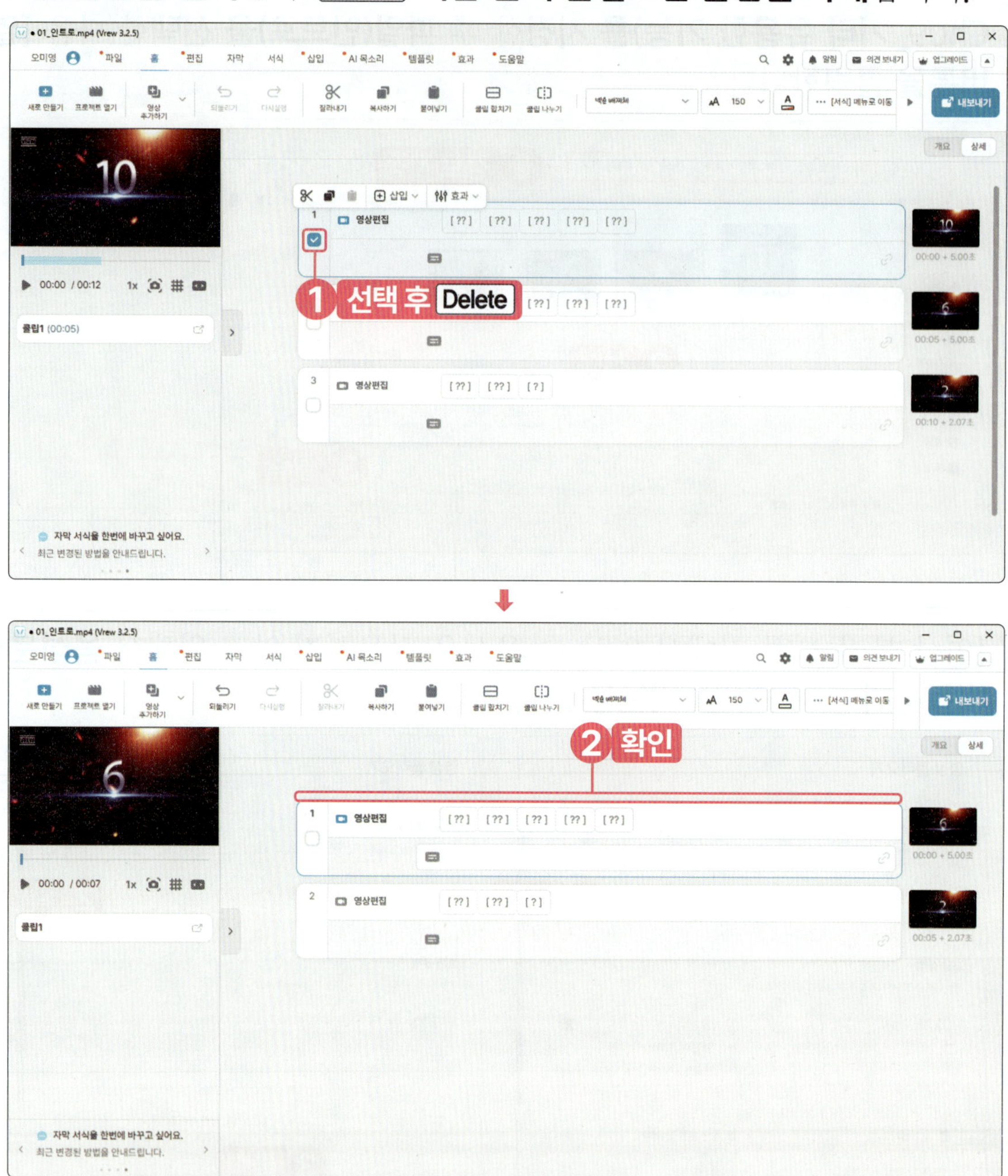

5 다시 1번 클립의 영상줄에서 **첫 번째 영상 내용 [??]를 클릭**하면 오른쪽 상단에 ⊗가 나타납니다.

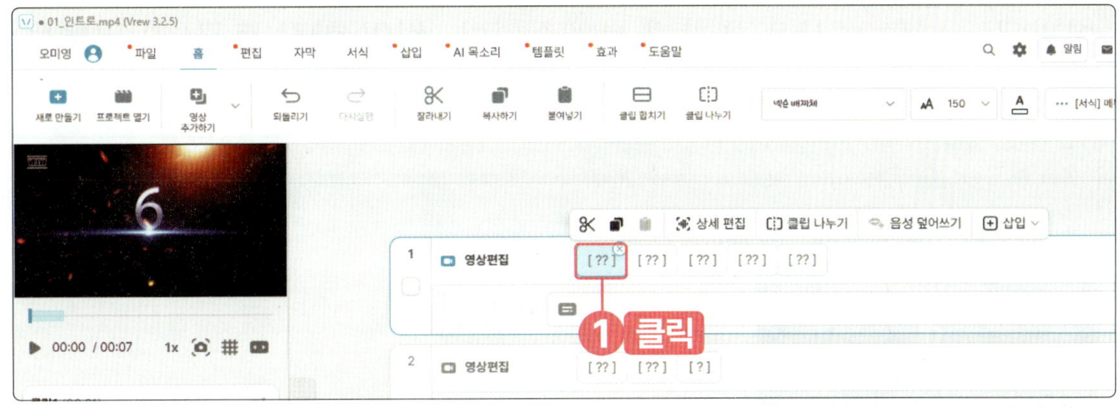

6 한번 더 영상줄의 첫 번째 영상 [??]의 ⊗를 클릭하면 ⊗대신에 삭제가 나오고, 삭제를 클릭하면 영상의 [??] 부분이 삭제됩니다.

Tip

영상 편집 줄의 [??]를 클릭한 후 Delete 키를 눌러 쉽게 삭제할 수 있습니다.

7 1번 클립 영상 편집 줄에서 **앞 부분 부터 [??] 3개를 삭제**합니다.

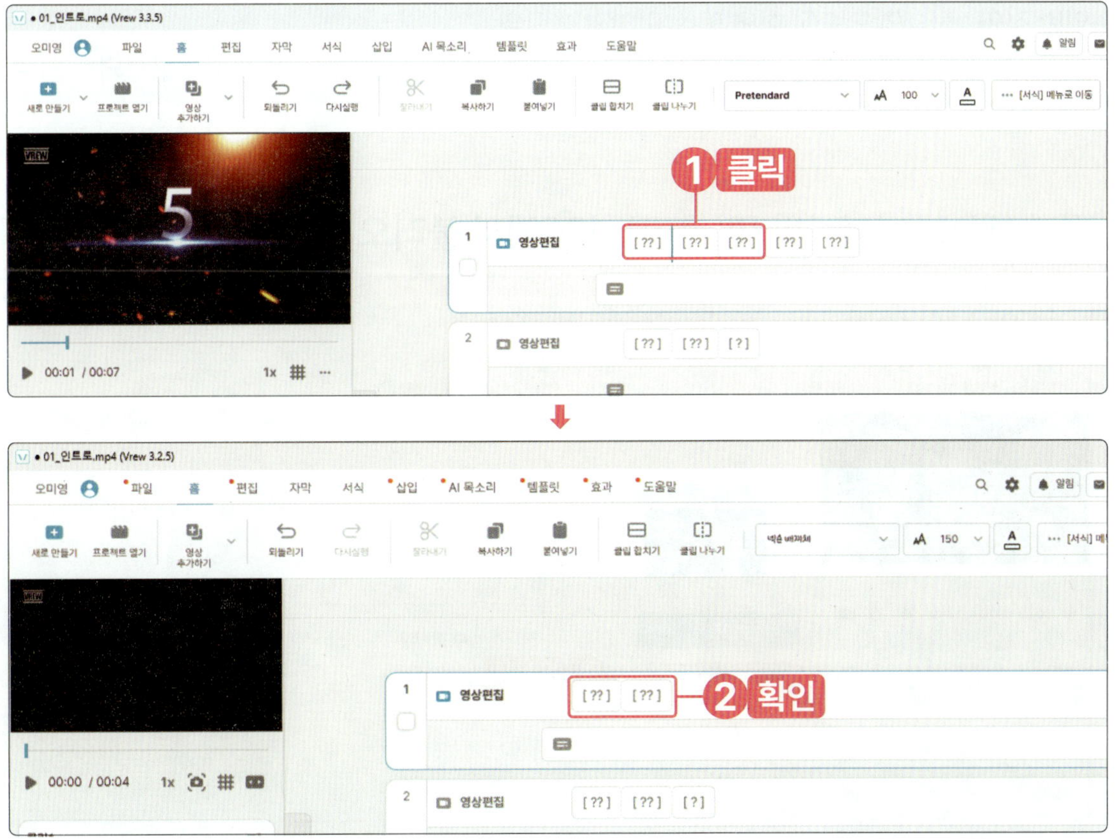

Step 02 씬 추가(영상 파일 추가하여 하나의 영상으로 합치기)

1 이번에는 다른 영상을 추가해 보겠습니다. **씬의 확장 토글(›) 버튼을 클릭**합니다.

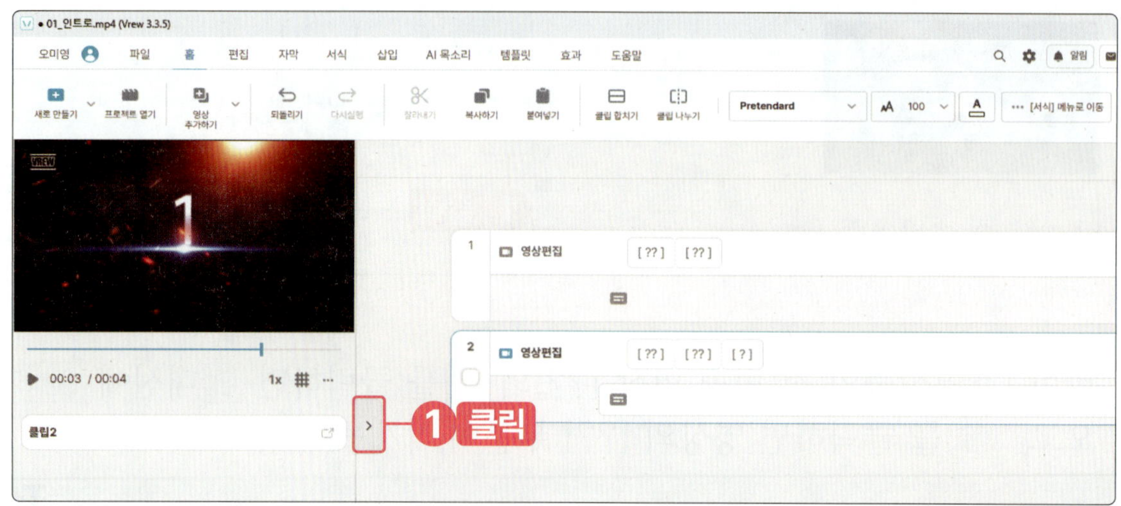

씬(Scene) 이란?

한국어 의미 : 장면

사용 분야 : 영상, 영화, 애니메이션, 게임, 프레젠테이션 등

일반 정의 : 하나의 연속된 화면 또는 이야기의 단위

AI 영상툴(예: 브루)에서의 의미 : 텍스트, 이미지, 음성, 배경 등이 한 화면에서 구성되는 단위

2 확장 메뉴가 나타나면 [씬 추가]-**[PC에서 불러오기]를 클릭**합니다.

3 [영상 추가하기] 대화상자가 나타나면 **경로(렉스미디어_브루\Ch09_기타 유용한 기능)를 지정**한 후 **파일(01_마라나베이샌즈싱가폴호텔)을 선택**한 다음 **[열기] 버튼을 클릭**합니다.

4 [영상 추가하기] 창에서 **[확인] 버튼을 클릭**합니다.

5 씬(=장면)이 추가되면 #1에는 "인트로 영상", #2에는 "마라나베이샌즈 싱가폴 호텔" 영상이 추가됩니다.

6 두 개의 씬(장면)을 하나로 합쳐서 내보내기 위해 **[내보내기]를 클릭**한 후 **[영상 파일(mp4)]를 클릭**한 다음 [동영상 내보내기] 창에서 기본값으로 **[내보내기] 버튼을 클릭**합니다.

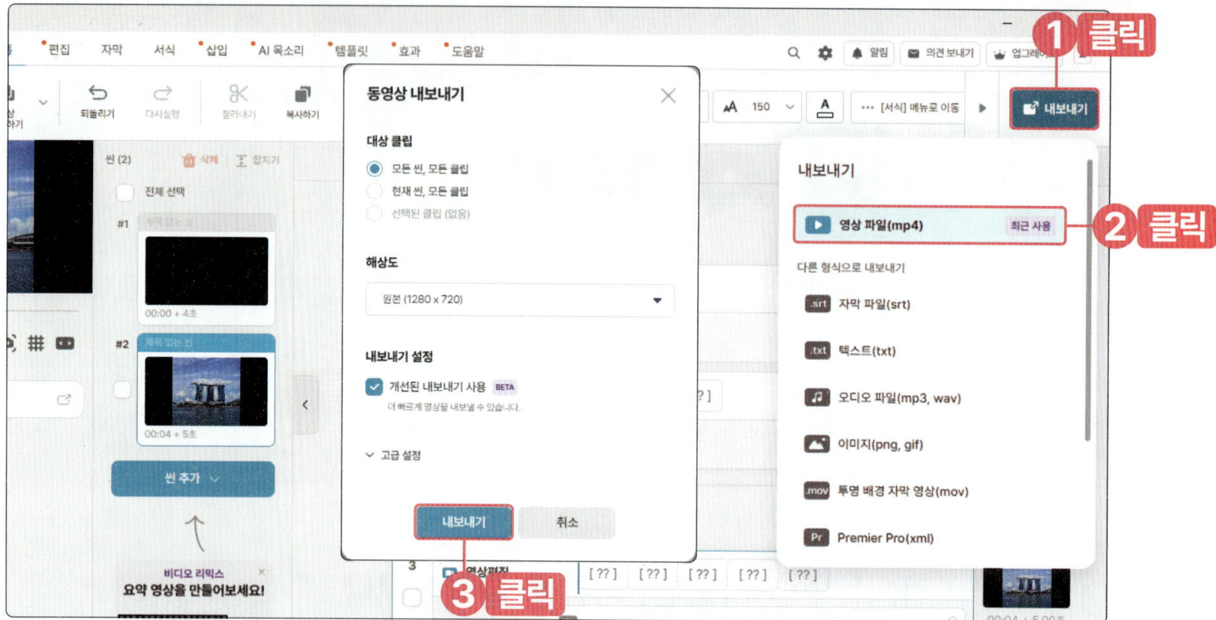

7 [영상으로 내보내기(.mp4)] 대화상자가 나타나면 **경로(렉스미디어_브루\실습파일)을 지정**한 후 **파일 이름(01_인트로_내보내기 (1))을 입력**한 다음 **[저장] 버튼을 클릭**합니다.

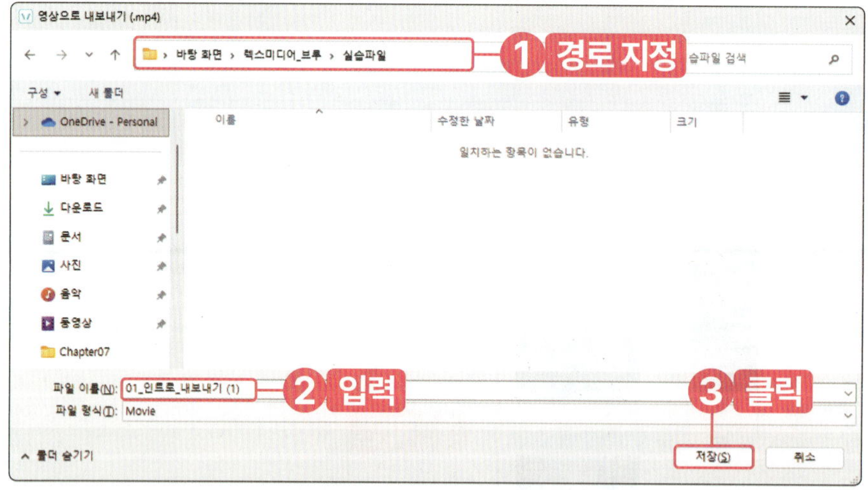

8 [내보내기 완료] 창에서 **[닫기] 버튼을 클릭**합니다.

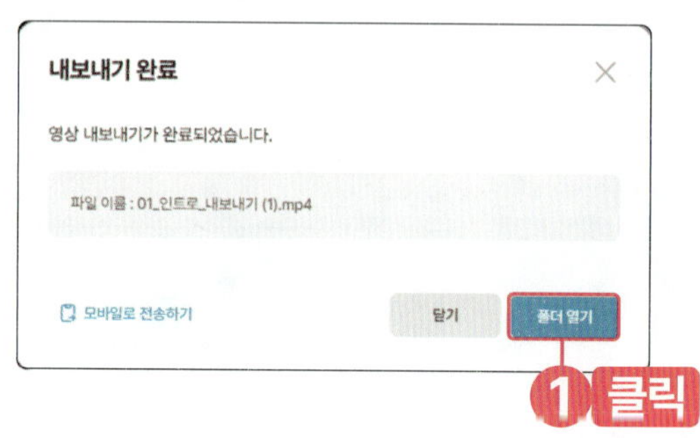

Step 03 필터 효과 적용해 보기

1 **#2에서 3번 클립을 선택**한 후 [효과] 탭에서 **[필터( )]를 클릭**합니다.

2 오른쪽 필터 창에서 **[11 Piano]를 선택**하여 영상을 흑백으로 변경합니다.

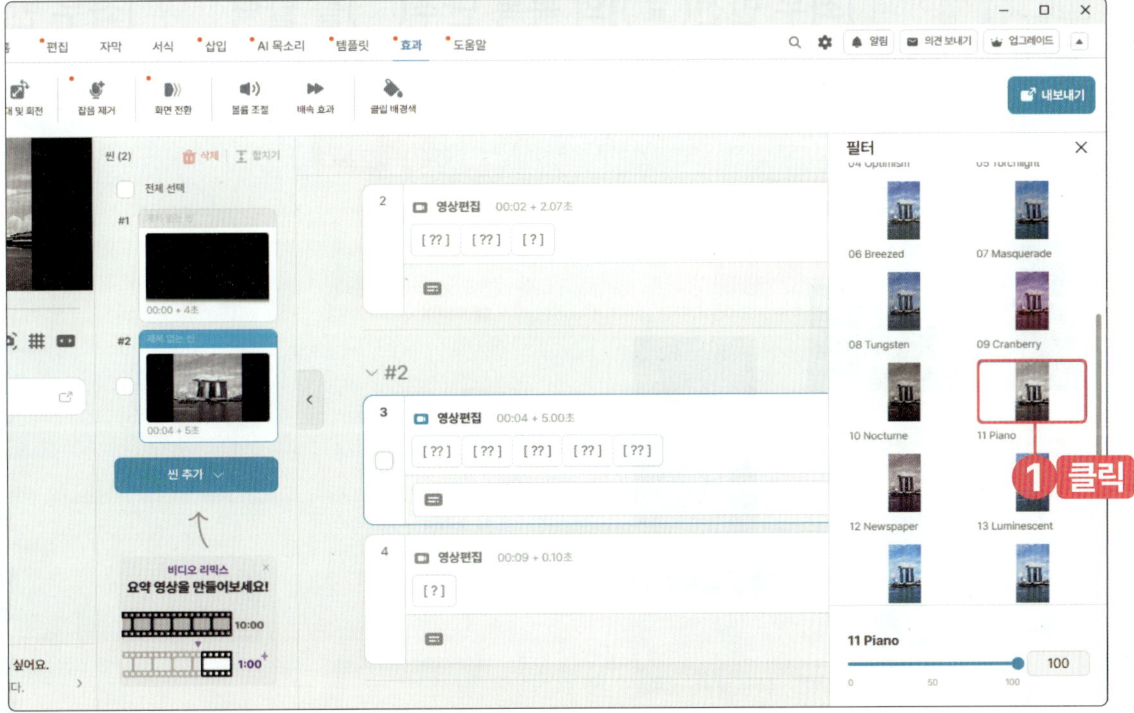

3 흑백에서 다시 원본 컬러 영상으로 변경하기 위해서는 오른쪽에 필터창에서 **원본 아이콘을 클릭**합니다.

Step 04 좌우반전 효과 적용해 보기

1 [효과] 탭에서 **[좌우 반전( )]의 목록 단추( )를 클릭**한 후 **[좌우 반전]을 클릭**합니다.

2 왼쪽 플레이창에서 영상이 좌우 반전된 것을 확인할 수 있습니다.

Step 05 확대 및 회전 효과 적용해 보기

1 [파일] 탭에서 **[새로 만들기]를 클릭**한 후 **[비디오·오디오 불러오기]를 클릭**합니다.

2 [비디오 · 오디오 불러오기] 대화상자가 나타나면 **경로(렉스미디어_브루\Ch09_기타 유용한 기능)를 지정**한 후 **파일(02_수박먹는아이)을 선택**한 다음 **[열기] 버튼을 클릭합니다.**

3 [영상 불러오기] 창에서 **[확인] 버튼을 클릭**합니다.

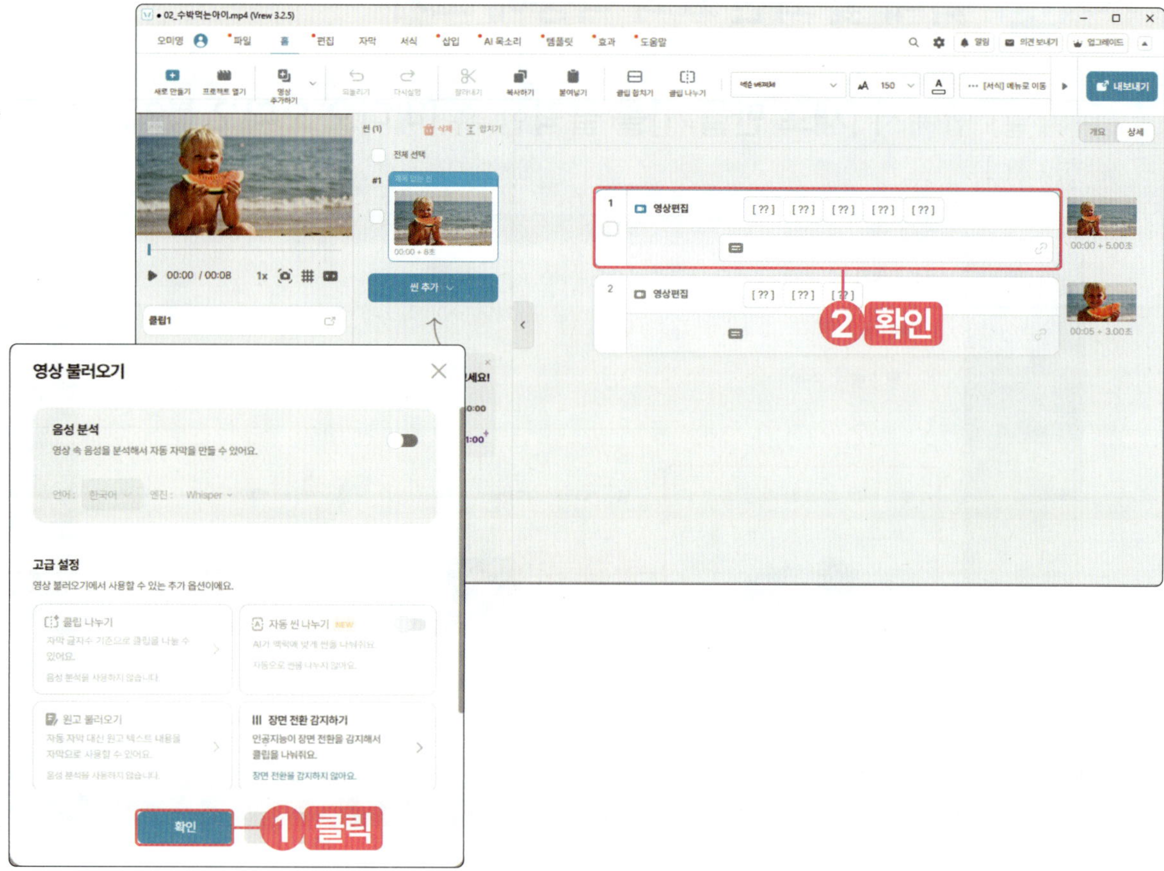

4 [효과] 탭에서 **[확대 및 회전( )]을 클릭**합니다. 그런 다음 **2번 클립을 선택**한 후 오른쪽 [확대 및 회전] 창에서 **[적용 범위]-[현재 클립]을 선택**한 다음 **크기(200)를 입력하여 확대**합니다.

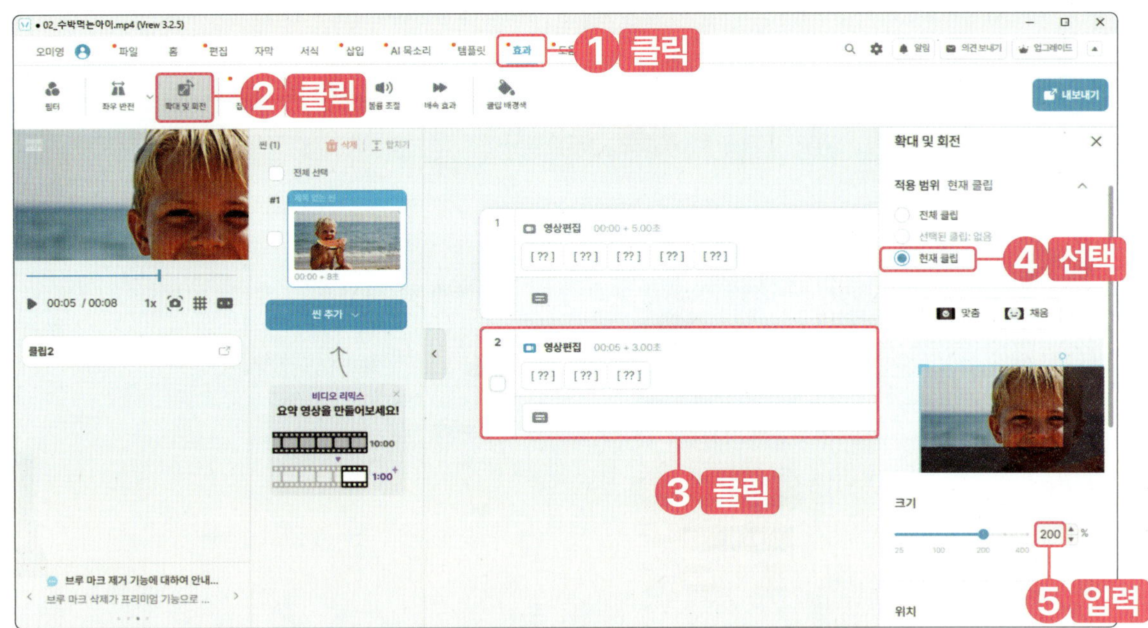

5 오른쪽 [확대 및 회전] 창에서 **회전(17)을 입력**합니다.

회전을 하면 영상에 검정색 배경이 보일 수 있습니다. 오른쪽 [확대 및 회전]창에서 검정색 배경이 보이지 않도록 영상을 드래그 하여 위치를 조정합니다.

Step 06 화면 전환 효과 적용해 보기

1 [효과] 탭에서 **[화면 전환( )]을 클릭**합니다.

2 오른쪽 [화면 전환] 창에서 [적용 범위]-**[전체 클립]을 선택**한 후 **[디졸브 ( )]를 클릭**한 다음 플레이창에서 화면전환 효과를 확인해 봅니다.

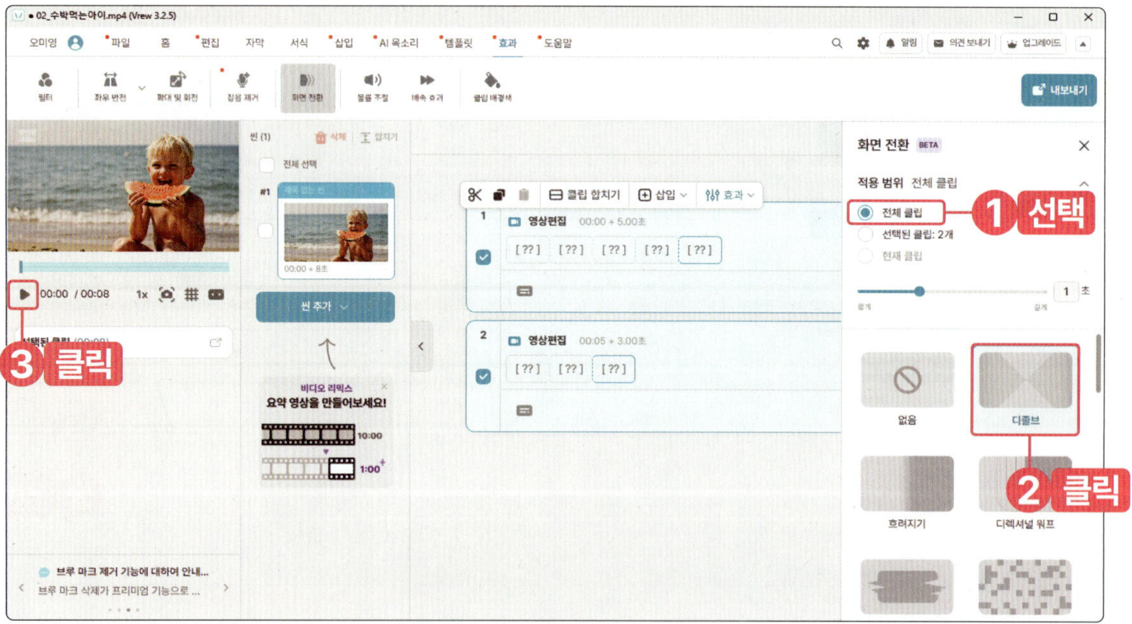

Step 07 볼륨조절 효과 적용해 보기

1 [효과] 탭에서 **[볼륨 조절( )]을 클릭**한 후 **볼륨 조절(10)을 입력**한 다음 파도소리가 작아졌는지 확인합니다.

Tip

볼륨조절은 1번 현재 클립에만 적용하고, 재생해 보면 두 클립의 볼륨의 차이를 확인해 볼 수 있습니다.

Step 08 캐릭터 만들기 적용해 보기

1 [파일] 탭에서 **[프로젝트 열기( )]를 클릭**합니다. 그런 다음 [프로젝트 열기] 창이 나타나면 **[찾아보기]를 클릭**합니다.

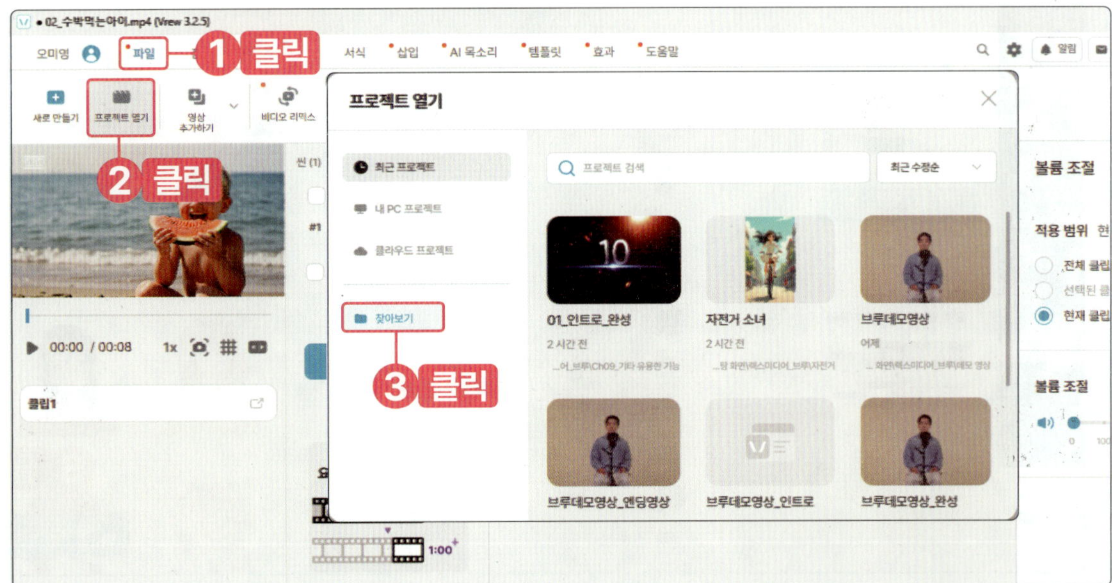

2 [프로젝트 열기] 대화상자가 나타나면 **경로(렉스미디어_브루\Ch09_기타 유용한 기능)를 지정**한 후 **파일(04_한복)을 선택**한 다음 **[열기] 버튼을 클릭**합니다.

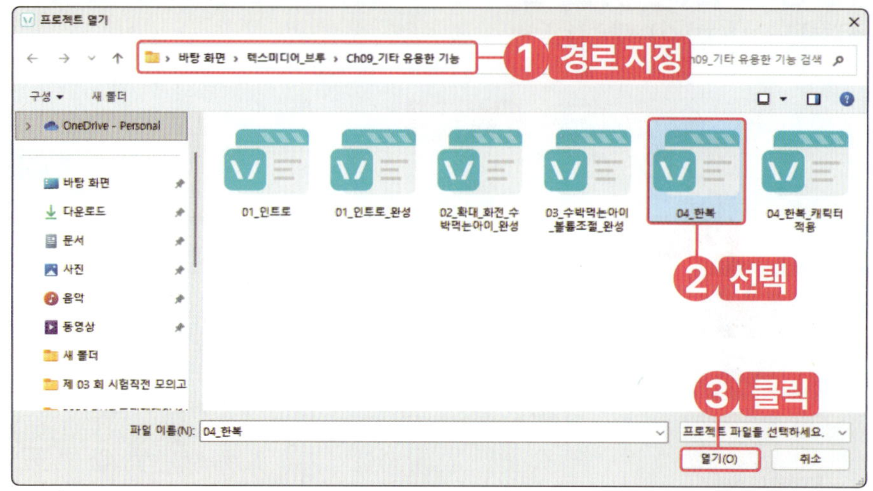

3 [확인] 창에서 **[저장 안함]을 클릭**합니다.

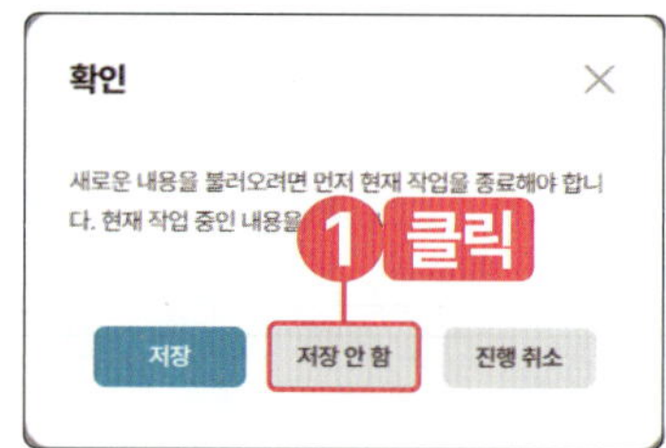

4 [삽입] 탭에서 **[캐릭터( )]를 클릭**한 후 **[캐릭터 만들기] 버튼을 클릭**합니다.

5 [나만의 사람 캐릭터 만들기] 창에서 중앙에 텍스트 창에 **"검정색 중단발 펌 헤어스타일의 니트를 입고 있는 안경을 착용한 30대 여"를 입력**합니다. 그런 다음 **그림체(실사)를 클릭**한 후 **[캐릭터 4장 생성] 버튼을 클릭**합니다.

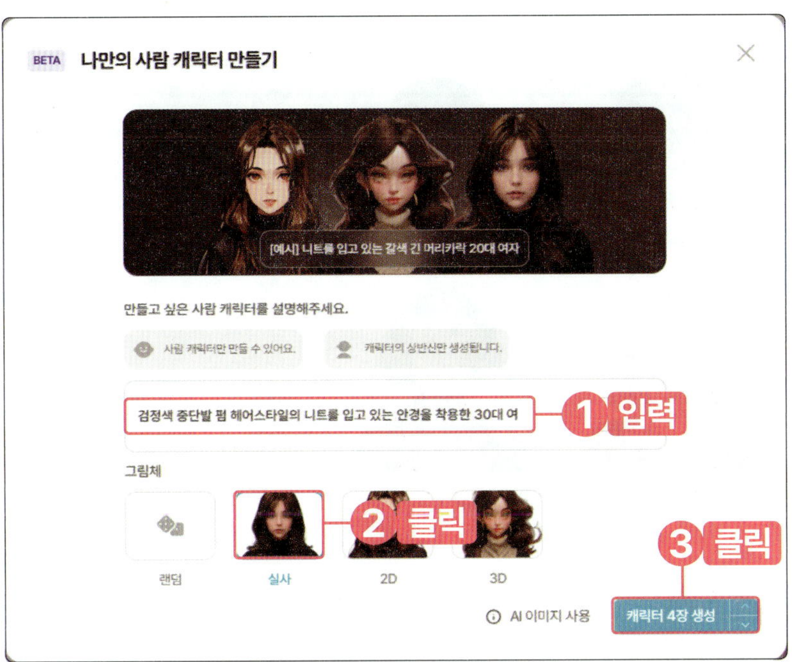

6 [캐릭터를 만들고 있어요.] 창이 나오면 잠시 기다립니다.

7 [마음에 드는 캐릭터를 선택해주세요!] 창에서 4장의 캐릭터 중에서 **마음에 드는 캐릭터를 선택**한 후 **[다음] 버튼을 클릭**합니다.

8 [입모양 움직이기] 창에서 **[건너뛰기] 버튼을 클릭**합니다.

Tip

중앙에 [업그레이드 후 제작하기] 버튼은 유료 요금제로 적용할 수 있습니다.

9 [축하해요! 나만의 캐릭터가 완성되었습니다.] 창에서 **[확인] 버튼을 클릭**합니다.

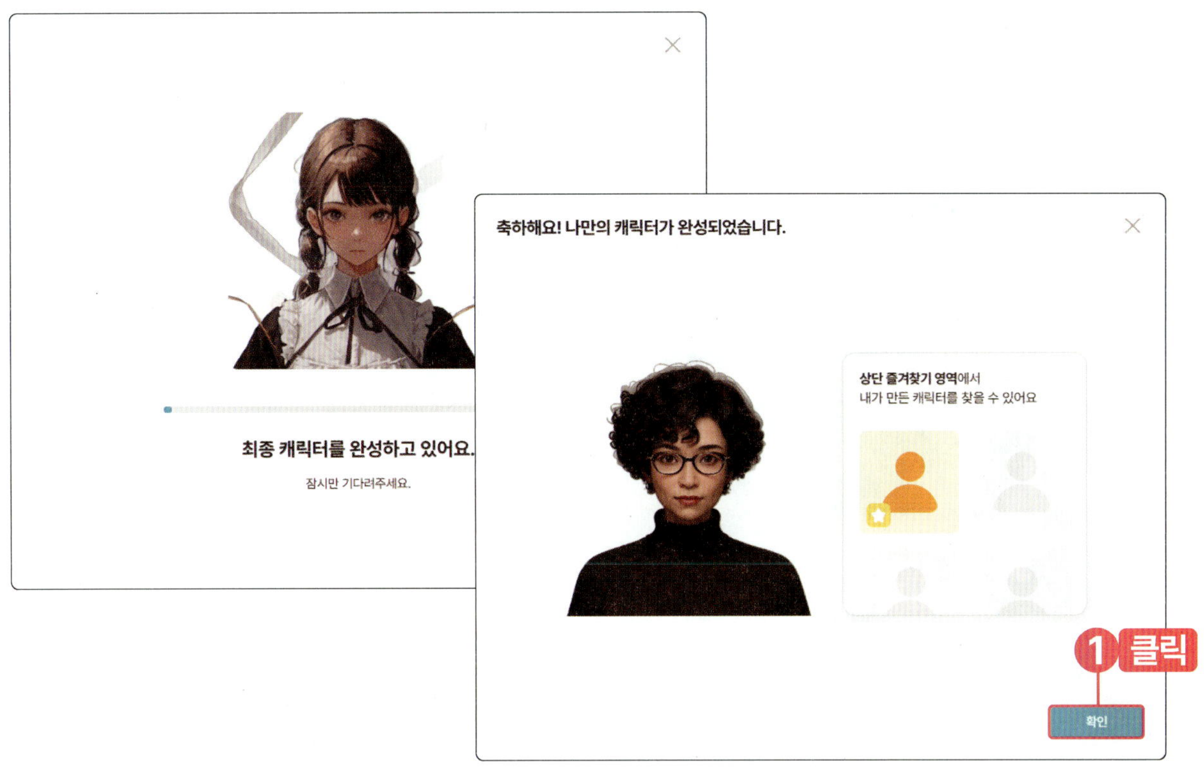

Tip

완성된 캐릭터는 오른쪽 캐릭터 삽입창 상단에 즐겨찾기 영역에서 찾을 수 있습니다.

10 오른쪽에 캐릭터 삽입 창에서 **즐겨찾기에 완성된 캐릭터를 선택**합니다. 플레이창에 선택된 캐릭터를 확인합니다.

11 플레이 창에서 **캐릭터의 크기를 줄이고 위치는 왼쪽 하단에 배치**합니다. 그런 다음 **1번 클립의 자막줄에 캐릭터 아이콘을 클릭**한 후 **[적용 범위 변경]을 클릭**합니다.

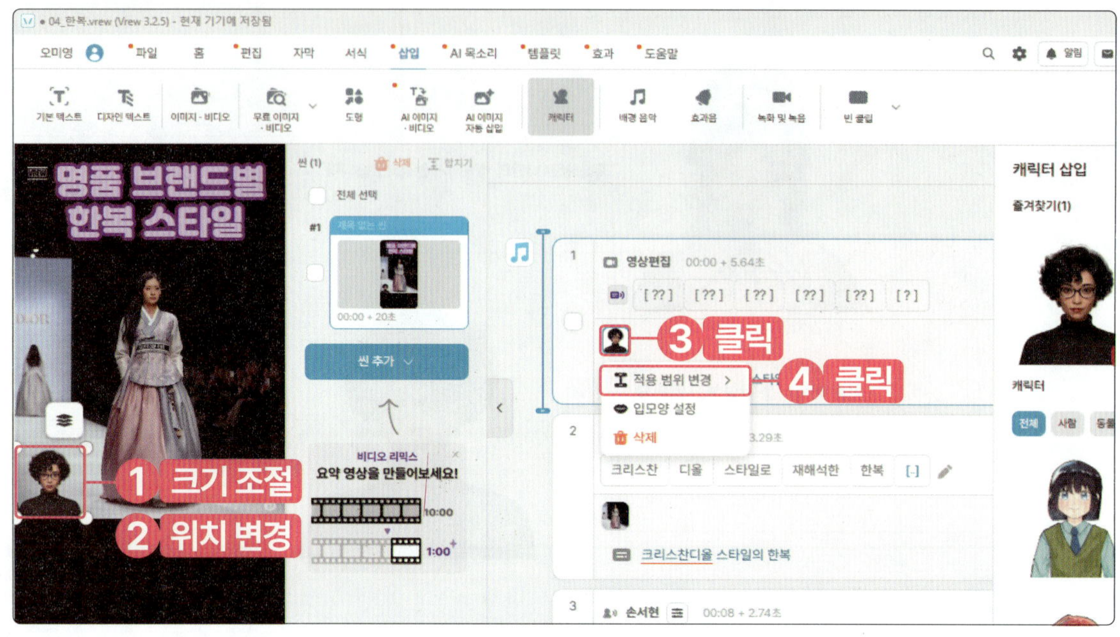

12 적용 범위 변경 중에서 **[전체 클립으로]를 클릭**하여 클립 전체에 캐릭터를 적용합니다.

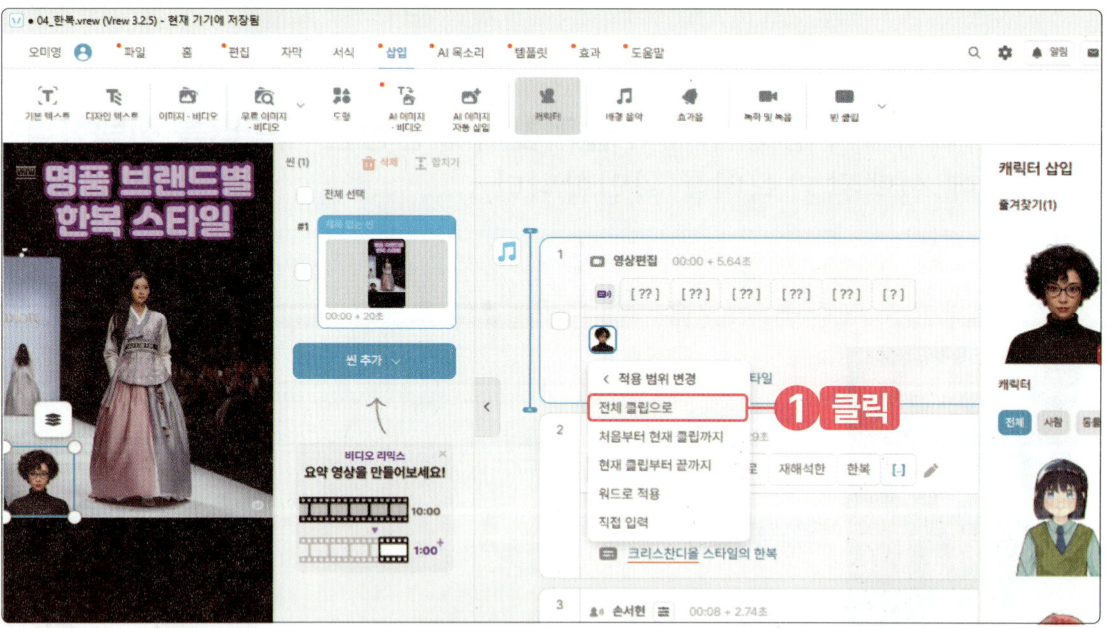

13 전체 클립에 캐릭터가 적용된 것을 확인할 수 있습니다.

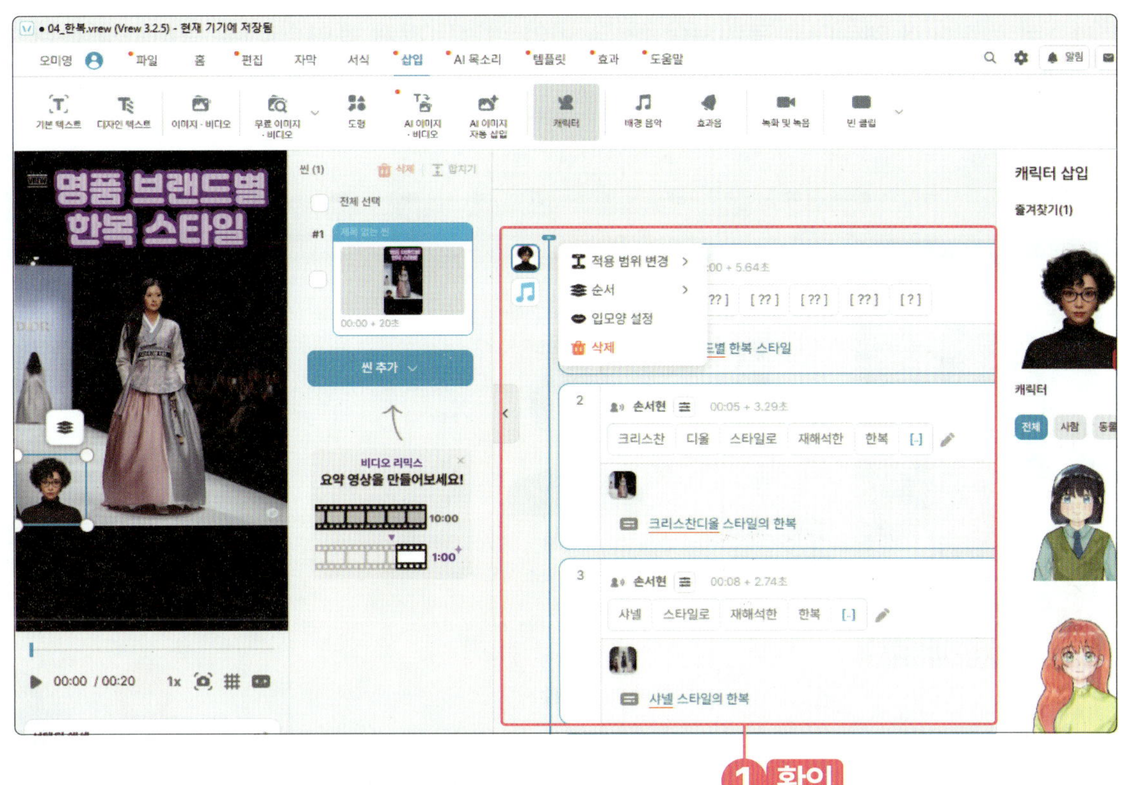

캐릭터를 추가하여 클립에 적용하는 3가지에 대해서 알아보겠습니다.

❶ 오른쪽에 캐릭터 삽입의 즐겨찾기에서 완성된 캐릭터를 선택하면 1번 클립의 자막줄에 캐릭터가 추가됩니다.

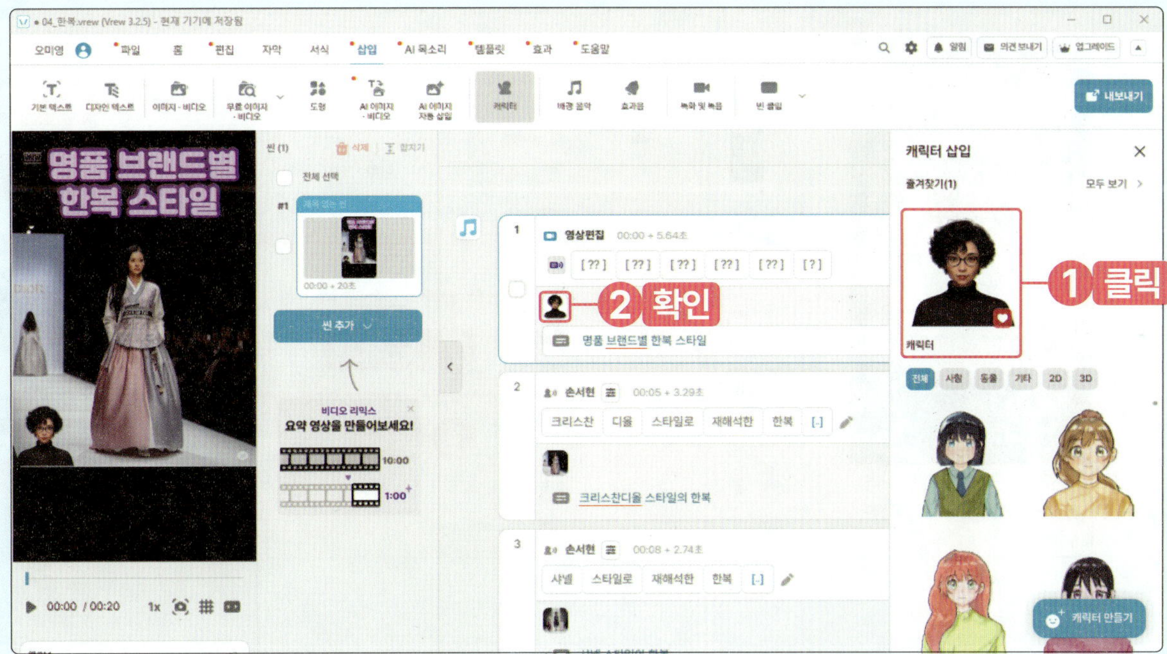

❷ 1번 클립에서 캐릭터를 클릭하여 [적용 범위 변경]-[전체 클립으로]를 클릭하여 클립 전체에 캐릭터를 추가할 수 있습니다.

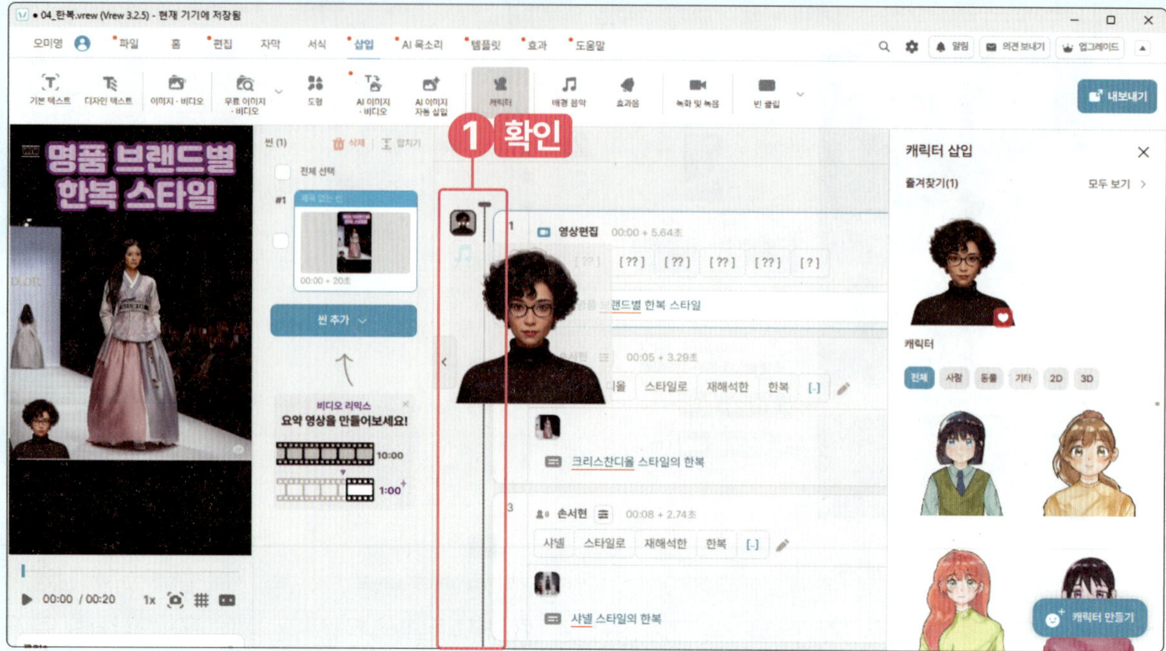

❸ 2번 클립의 영상줄에 한복 단어 앞에 한복 이미지를 추가해서 한복이라는 단어를 말할 때 한복 이미지가 잠깐 나왔다가 사라지게 하는 작업입니다. 2번 클립을 선택한 후 [삽입] 탭에서 [무료이미지·비디오]를 클릭한 다음 오른쪽에 무료 애셋에서 한복을 검색하여 임의의 이미지를 클릭합니다. 그런 다음 자막줄에 추가된 이미지 아이콘을 영상줄의 한복 단어 앞으로 드래그하여 이동합니다.

Step 09 썸네일 만들기 01

잠깐만요!

썸네일이란?

썸네일(Thumbnail) 뜻은 원래는 "엄지손톱 크기만큼 작은 이미지"라는 뜻에서 나온 단어로 "작은 미리보기 이미지"라는 의미로 확장되었습니다. 유튜브에서의 의미는 영상의 내용을 대표하는 작은 표지 이미지(대표 이미지)로 사용자가 영상을 클릭할지 말지 결정하는 데 큰 역할을 합니다.
(썸네일 크기는 16:9, 해상도는 640픽셀 이상, 용량은 최대 2MB 이하로 합니다.)

1 [파일] 탭에서 **[프로젝트 열기( )]를 클릭**합니다. 그런 다음 [프로젝트 열기] 창에서 **[찾아보기]를 클릭**합니다.

2 [프로젝트 열기] 대화상자가 나타나면 **경로(렉스미디어_브루\Ch09_기타 유용한 기능)를 지정**한 후 **파일(04_한복)을 선택**한 다음 **[열기] 버튼을 클릭**합니다.

3 [확인] 창에서 **[저장 안함]을 클릭**합니다.

4 프로젝트 파일이 불러와지면 플레이 창에서 **[화면 캡처( )]를 클릭**합니다.

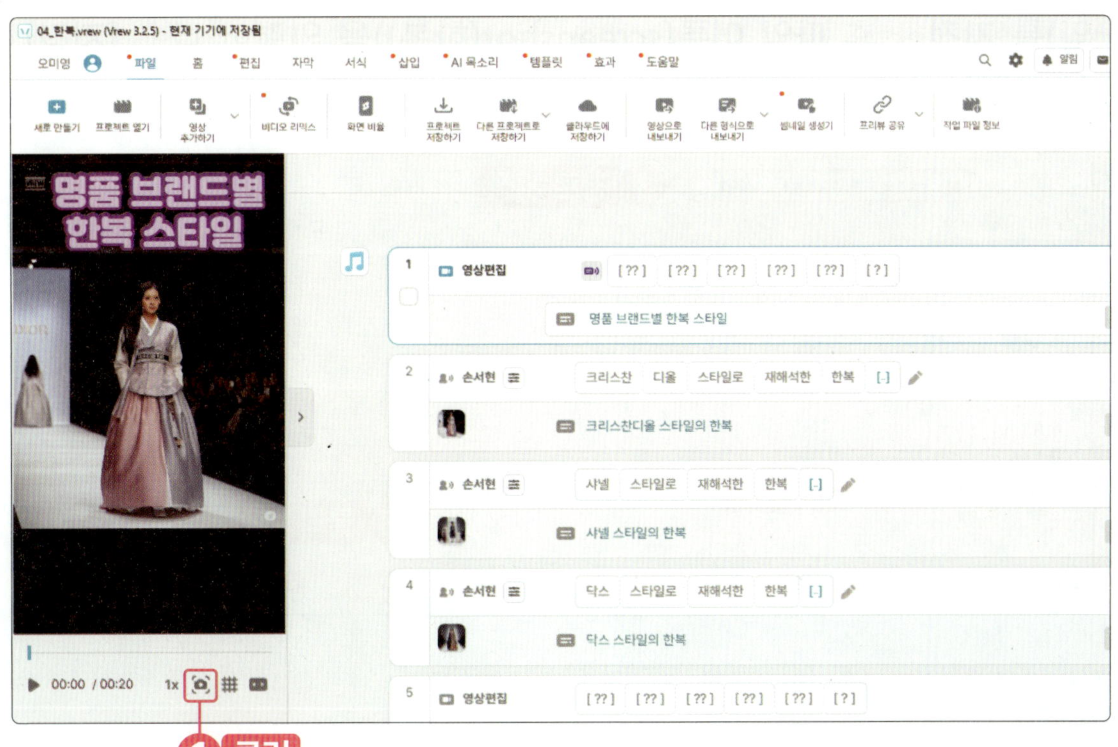

5 [플레이창에 캡쳐 중입니다. 잠시만 기다려주세요.]라는 메시지와 오른쪽 상단에 "캡쳐중입니다" 창에 캡쳐가 끝날 때까지 기다립니다.

6 캡처가 끝나면 플레이창에 [스크린샷이 클립보드에 복사되었습니다]와 **아래 방향 화살표(⬇)를 클릭**합니다.

7 [vrew_screenshot] 대화상자가 나타나면 **경로(렉스미디어_브루\실습파일)를 지정**한 후 **파일 이름(screenshot(한복))을 입력**한 다음 **[저장] 버튼을 클릭**합니다.

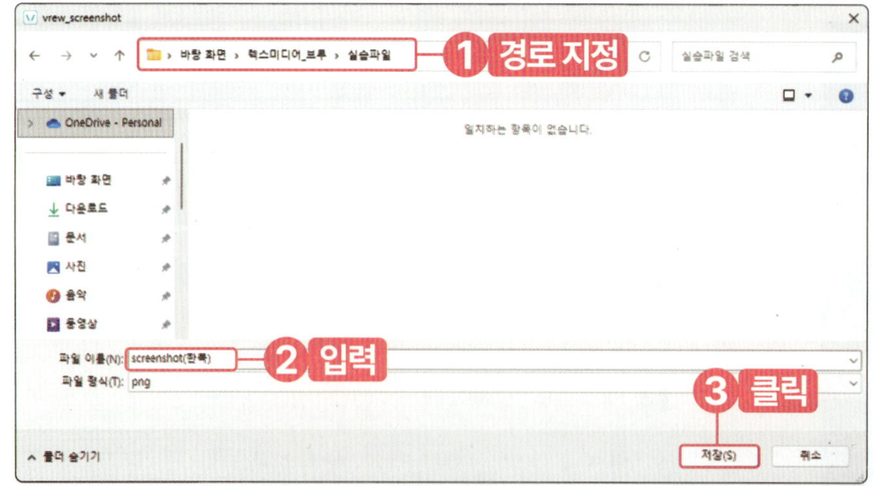

Step 10 썸네일 만들기 02

1 [파일] 탭에서 **[프로젝트 열기( )]를 클릭**합니다. 그런 다음 [프로젝트 열기] 창에서 **[찾아보기]를 클릭**합니다.

2 [프로젝트 열기] 대화상자가 나타나면 **경로(렉스미디어_브루\Ch09_기타 유용한 기능)를 지정**한 후 **파일(05_브루데모영상)을 선택**한 다음 **[열기] 버튼을 클릭**합니다.

3 프로젝트 파일이 불러와지면 [파일] 탭에서 **[썸네일 생성기( )]를 클릭**합니다.

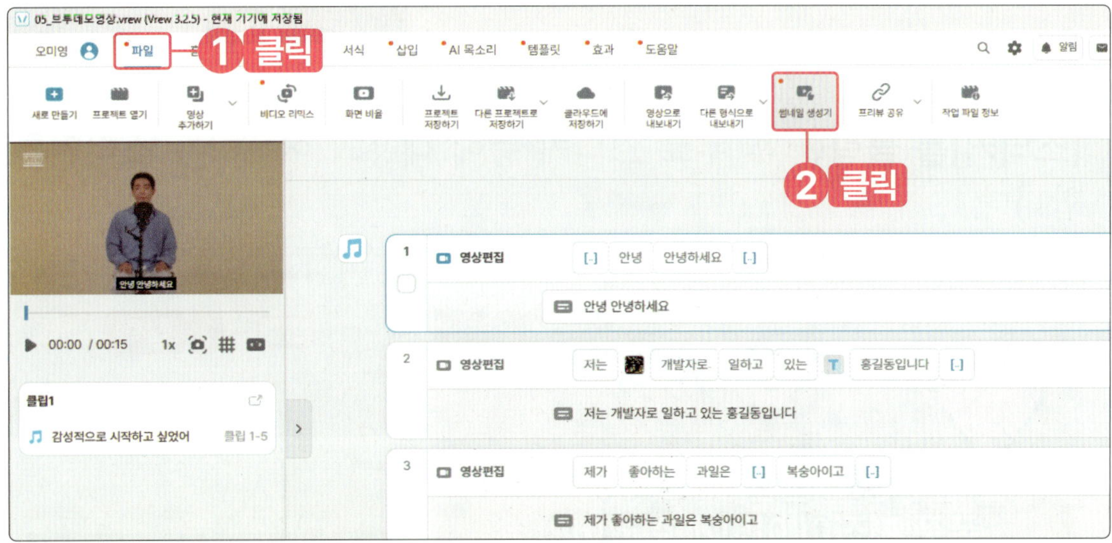

4 [썸네일 생성기] 창에서 **[AI 썸네일 초안 생성하기] 버튼을 클릭**합니다.

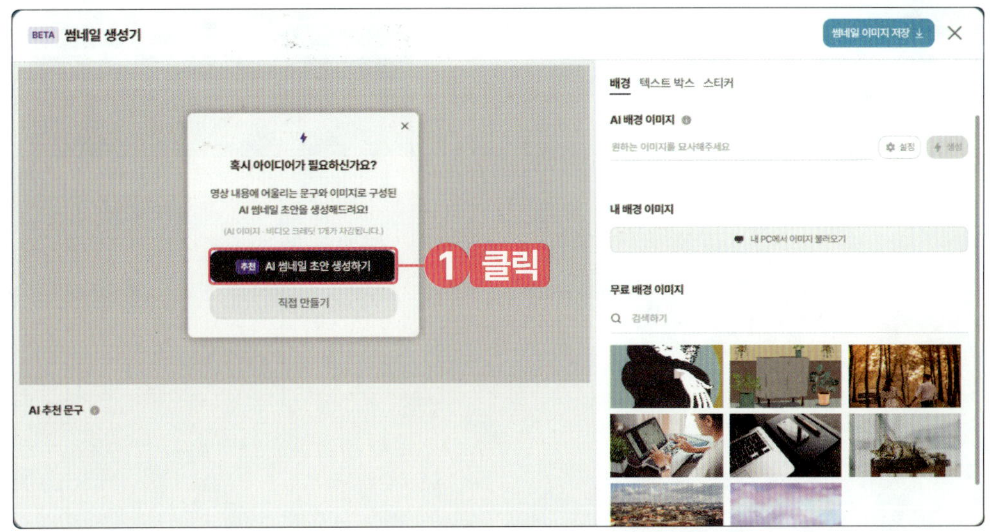

5 AI가 썸네일 이미지와 추천문구를 만들어주고, 글꼴, 글자색 등 서식을 변경할 수 있습니다.

6 **[스티커]를 클릭**한 후 무료 스티커 중에 내용과 어울리는 **스티커를 선택**합니다.

7 편집 창에서 **스티커 모양의 크기 및 위치를 조절**한 후 **[썸네일 이미지 저장] 버튼을 클릭**합니다.

8 [이미지로 내보내기(.png)] 대화상자가 나타나면 **경로(렉스미디어_브루\실습파일)를 지정**한 후 **파일 이름(05_브루데모영상_썸네일)을 입력**한 다음 **[저장] 버튼을 클릭**합니다.

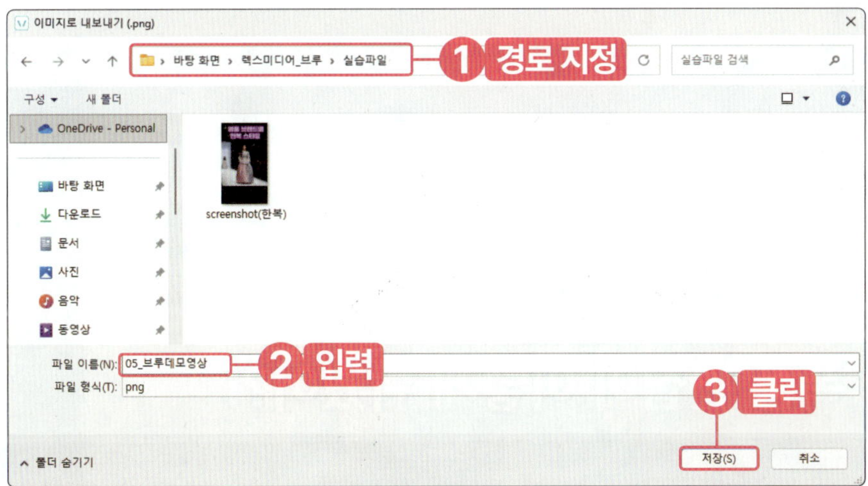

9 이미지로 내보내기가 완료됩니다. [확인] 창에서 **[폴더 열기] 버튼을 클릭**합니다.

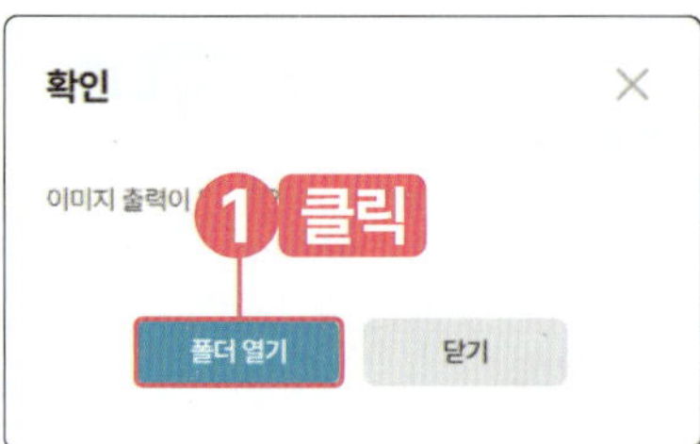

10 [파일 탐색기]의 [실습파일] 폴더가 열리면 완성된 썸네일을 확인합니다.

실전 연습 문제

01 프로젝트 파일 [05_브루데모영상.vrew]를 불러와 나만의 캐릭터를 만들어 보세요.

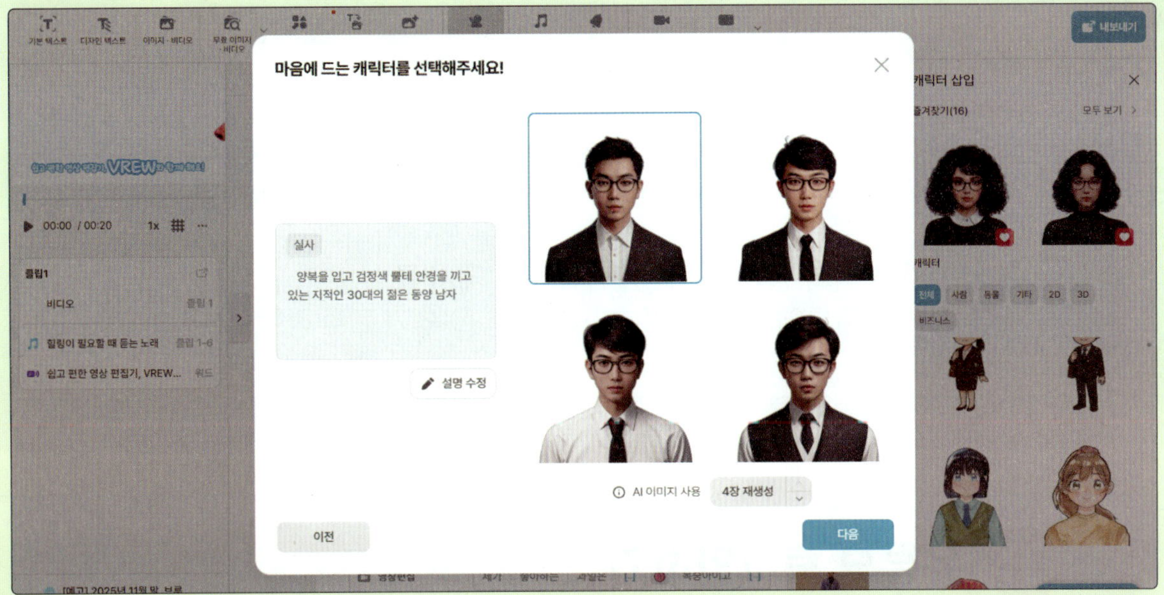

힌트 1. [삽입]-[캐릭터]-[캐릭터 만들기]
2. 프롬프트 예시
양복을 입고 검정색 뿔테 안경을 끼고 있는 지적인 30대의 젊은 동양 남자

02 완성된 나만의 캐릭터를 전체 클립에 적용해 보세요

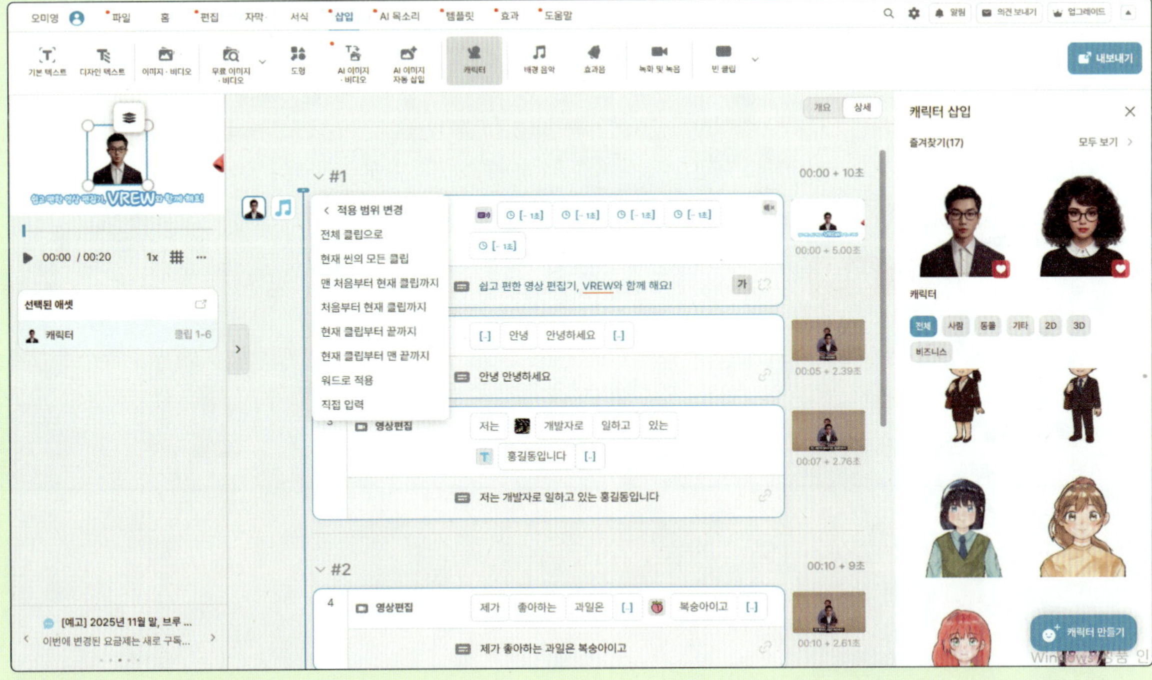

힌트 [적용 범위 변경]-[전체 클립으로]

유튜브 업로드하기

① 브루에서 편집·자막 작업을 마친 영상을 MP4로 저장한 뒤, 유튜브에 로그인해 '+ 만들기 → 동영상 업로드'를 선택합니다. 그런 다음 저장한 브루 영상을 불러오고, 제목·설명·썸네일을 입력합니다.
② 시청자 설정과 공개 범위를 지정한 후 '게시'를 누르면 업로드 완료 후 유튜브 스튜디오에서 자막·썸네일·카드 등을 추가로 수정할 수 있습니다.

Step 01 유튜브 로그인하기

1 **유튜브(www.youtube.com) 사이트에 접속**한 후 **[로그인]을 클릭**합니다.

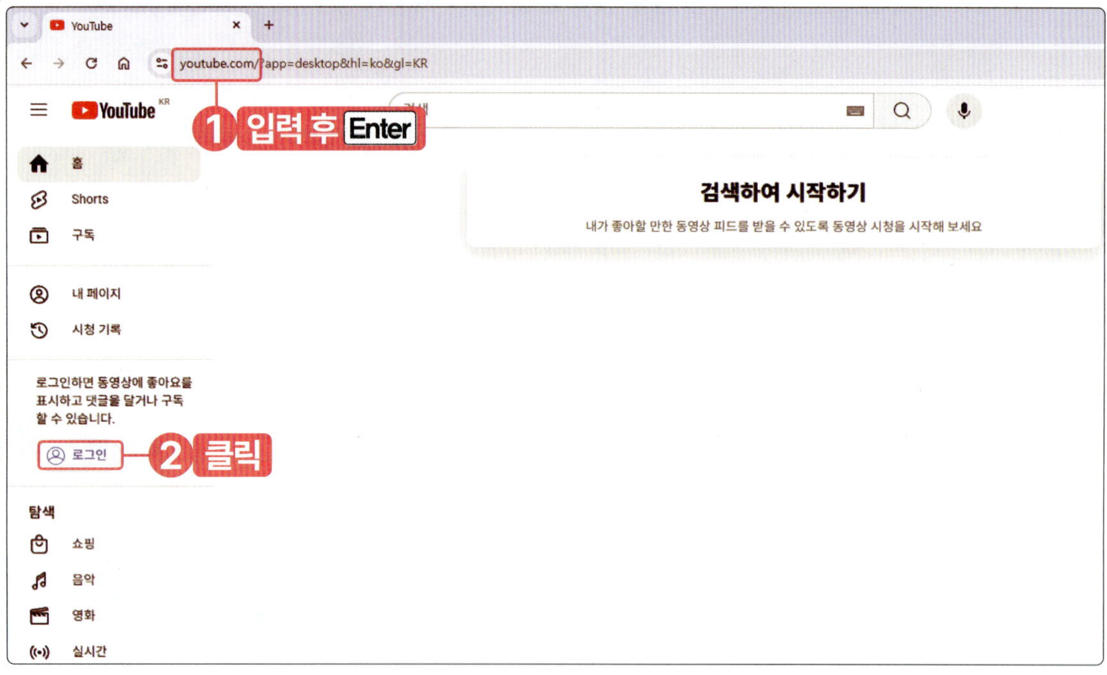

2 로그인 창에서 **메일을 입력**한 후 **[다음] 버튼을 클릭**합니다.

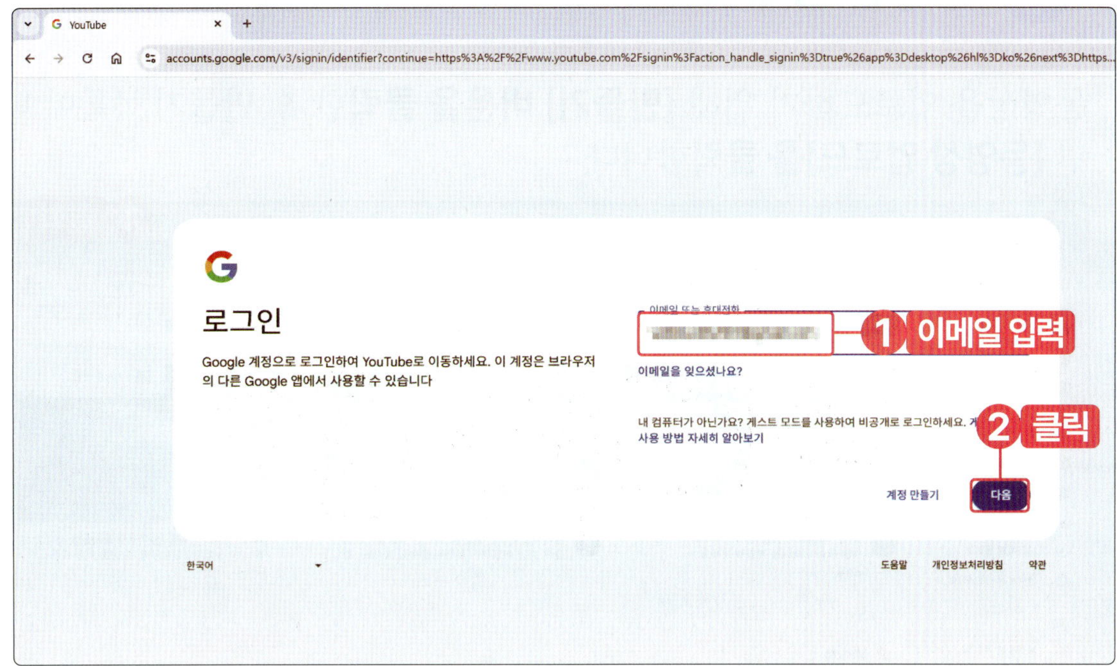

Tip

G메일 계정이 없으면 [계정 만들기] 버튼을 클릭하여 계정을 만듭니다.

3 **비밀번호를 입력**한 후 **[다음] 버튼을 클릭**합니다.

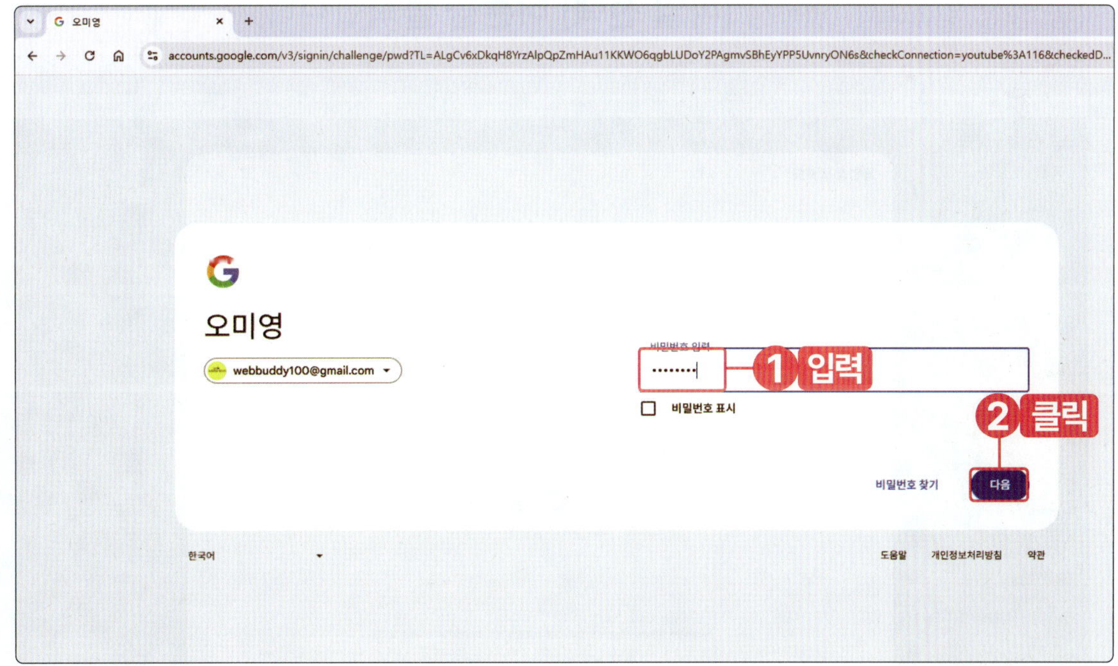

Step 02 동영상 업로드

1 동영상을 업로드하기 위해 **[만들기] 버튼을 클릭**한 후 만들기 목록이 나타나면 **[동영상 업로드]를 클릭**합니다.

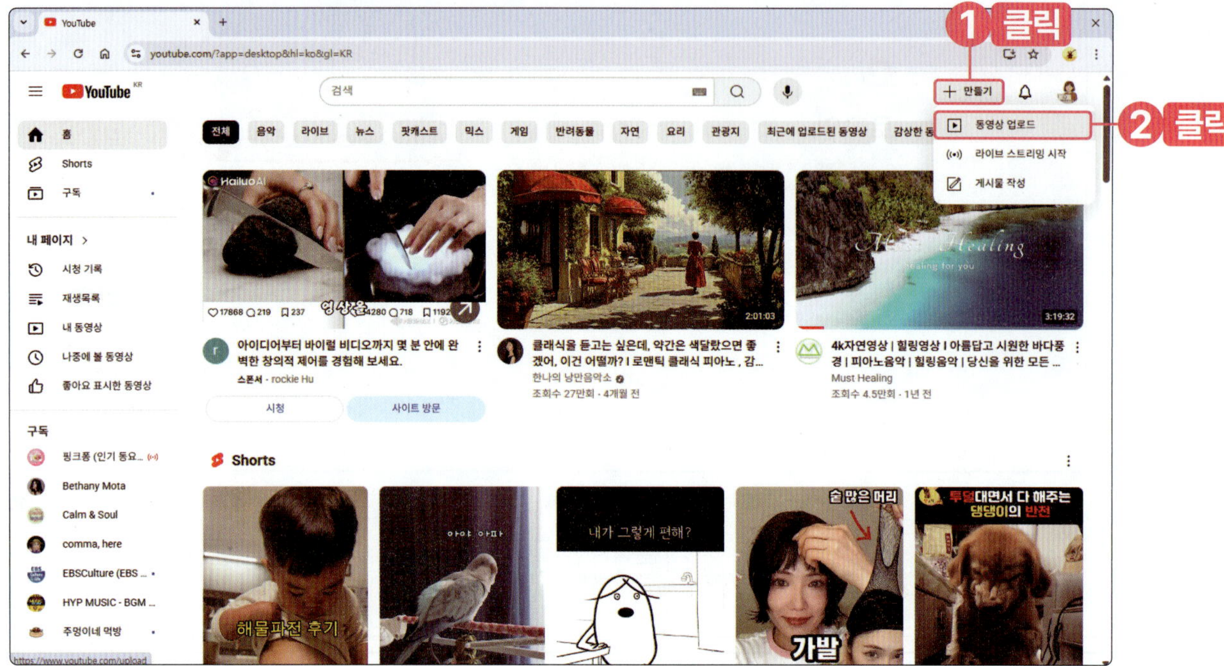

2 [동영상 업로드] 창에서 **[파일 선택] 버튼을 클릭**합니다.

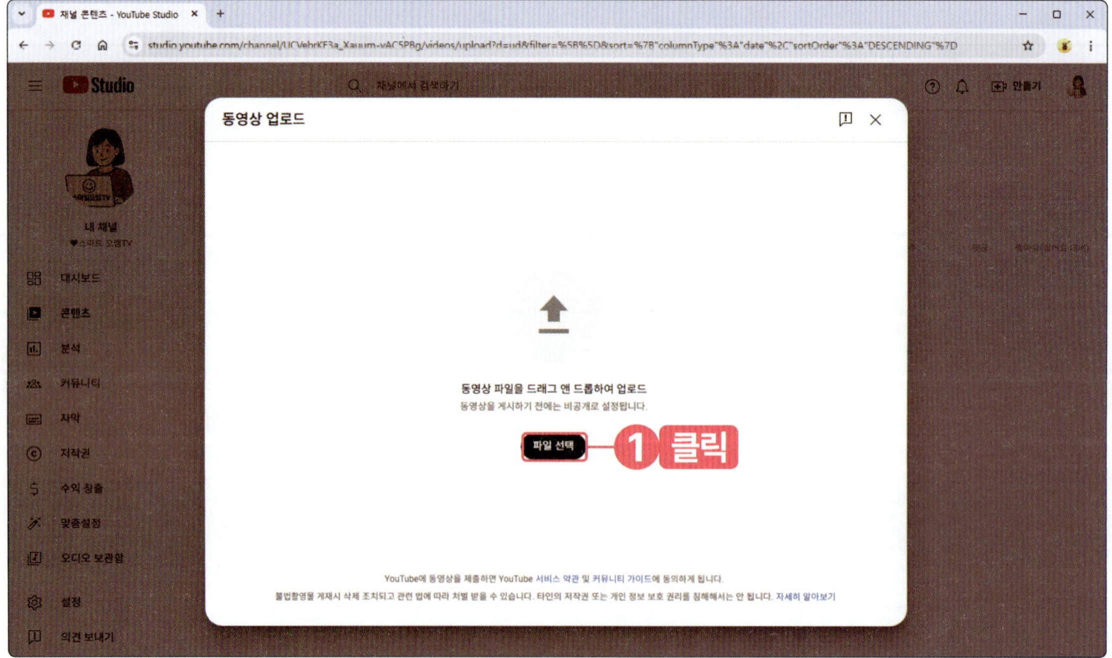

3 [열기] 대화상자가 나타나면 **경로(렉스미디어_브루\Ch10_유튜브업로드)를 지정**한 후 **파일(자전거소녀_내보내기)을 선택**한 다음 **[열기] 버튼을 클릭**합니다.

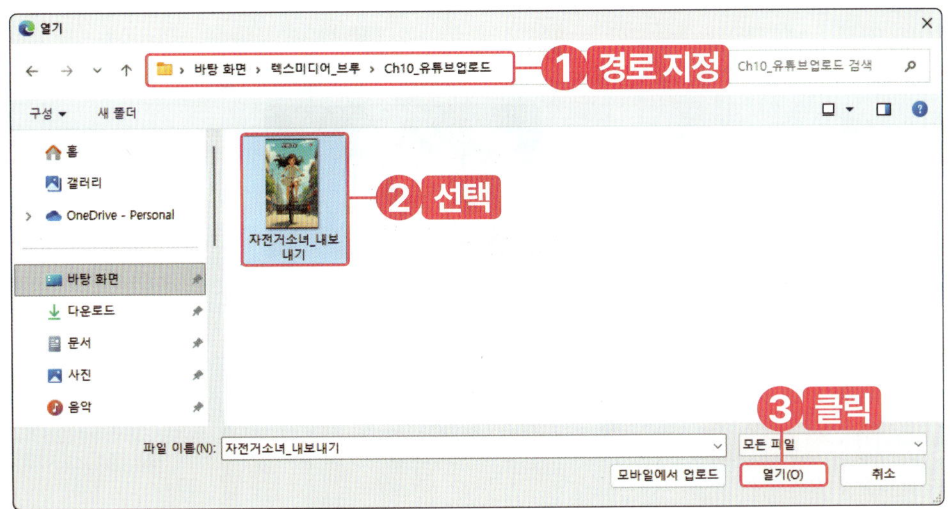

4 [자전거소녀 내보내기] 창에서 세부정보를 입력합니다.

제목 : 자전거 타는 소녀

설명 : 자전거를 타고 거리를 신나게 달리는 소녀 #shorts #자전거 #만화 #애니메이션

5 세부정보의 창에서 스크롤바를 내려서 [시청자층]에서 **아동용인지 여부(아니오, 아동용이 아닙니다.)를 선택**한 후 **[다음] 버튼을 클릭**합니다.

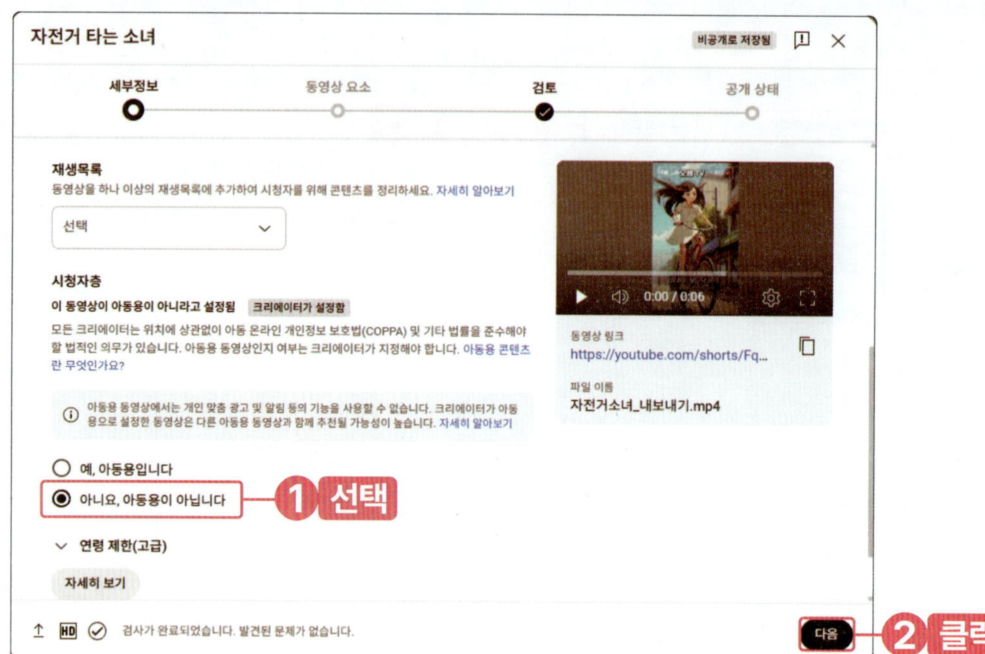

잠깐만요!

유튜브의 아동용(Made for Kids) 설정은 COPPA(아동 온라인 개인정보 보호법) 준수를 위해 필수이며, 13세 이하를 주요 시청 대상으로 하는 콘텐츠에 적용됩니다.
판단 기준은 주제(장난감, 동요, 유아교육), 등장 캐릭터, 언어, 시각·음향 요소, 마케팅 대상 등입니다. 아동용으로 설정 시 댓글, 알림, 맞춤광고가 제한되고 수익·노출이 줄 수 있습니다.
반대로 잘못 설정 시 법적 제재나 수익 손실이 발생하므로, 업로드 전 주제·대상 연령을 종합적으로 판단해야 합니다.

6 [자전거 타는 소녀] 창에서 [동영상 요소]-[관련 동영상 추가]의 **[추가] 버튼을 클릭**합니다.

Tip

[관련 동영상 추가]란 이미 업로드 된 공개 동영상이 있어야 하며, 업로드된 콘텐츠 개수가 일정 기간 누적되어야 사용할 수 있는 기능입니다. 또는 별도의 개인인증 과정을 거쳐야 합니다.

7 [특정 동영상 선택] 창에서 **관련 동영상(브랜드별 강아지패션쇼) 영상을 클릭**합니다.

8 관련 동영상 추가에 **[브랜드별 강아지 패션쇼]가 선택된 것을 확인**한 후 **[다음] 버튼을 클릭**합니다.

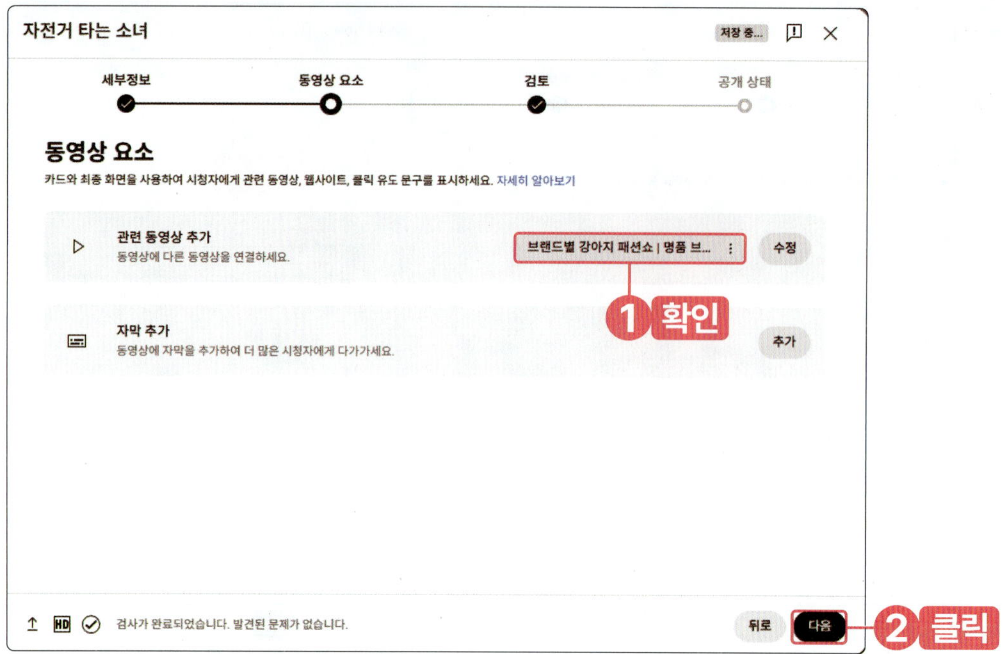

9 [검토] 관련 내용에서는 [저작권]을 확인하여 '발견된 문제가 없습니다.'에 체크가 되어 있는지 확인합니다.

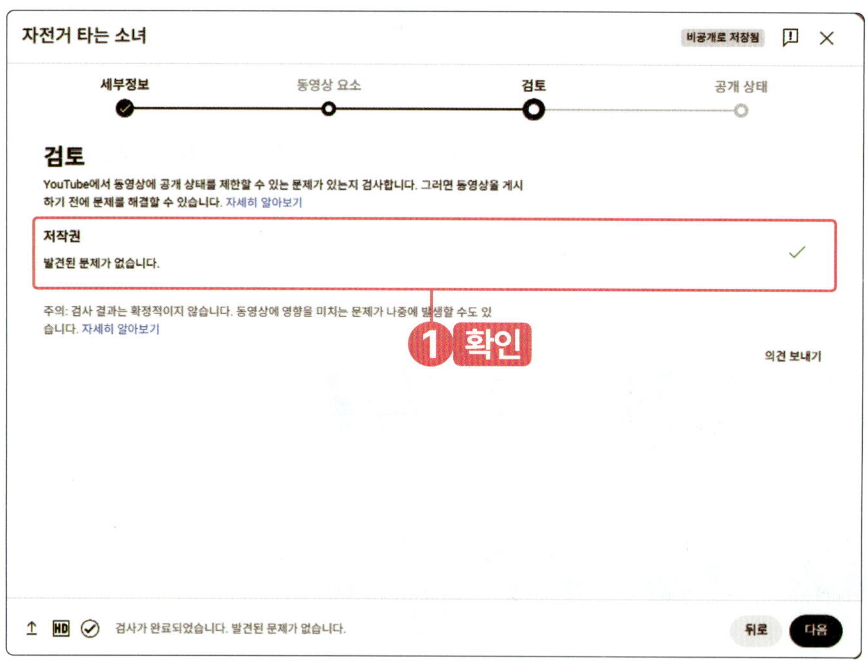

10 공개 상태에서는 저장 또는 게시 부분에서 **[공개]를 선택**한 후 **[게시] 버튼을 클릭**합니다.

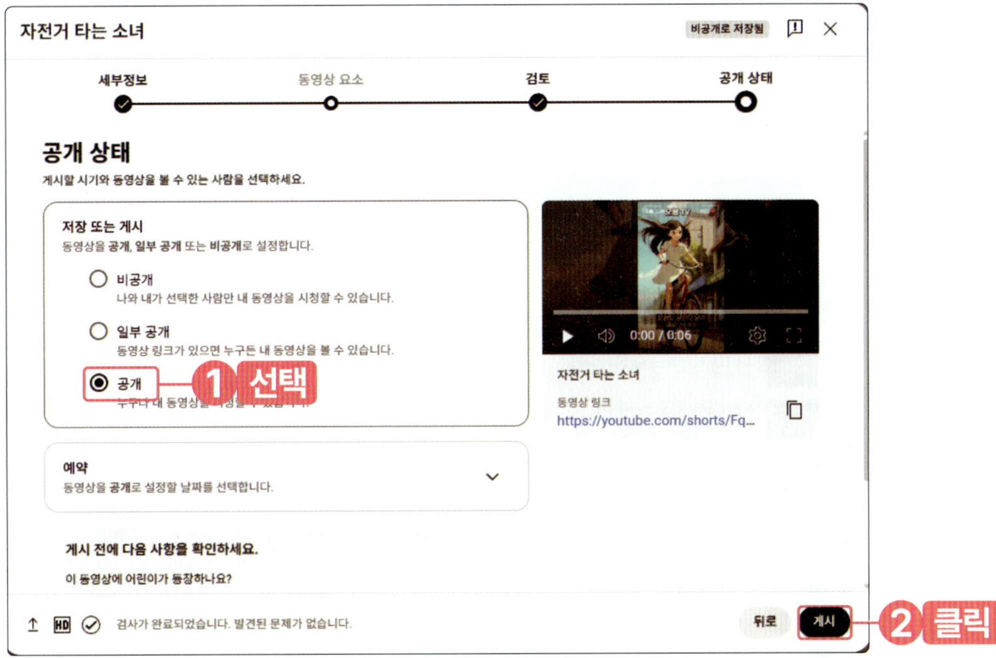

Tip

공개를 선택하면 누구나 내 동영상을 시청할 수 있습니다.

11 [게시된 동영상] 창에서 **[닫기] 버튼을 클릭**합니다.

12 유튜브 스튜디오 창에서 채널 콘텐츠 목록의 Shorts 목록에 [자전거 타는 소녀]가 목록에 있는 것을 확인할 수 있습니다.

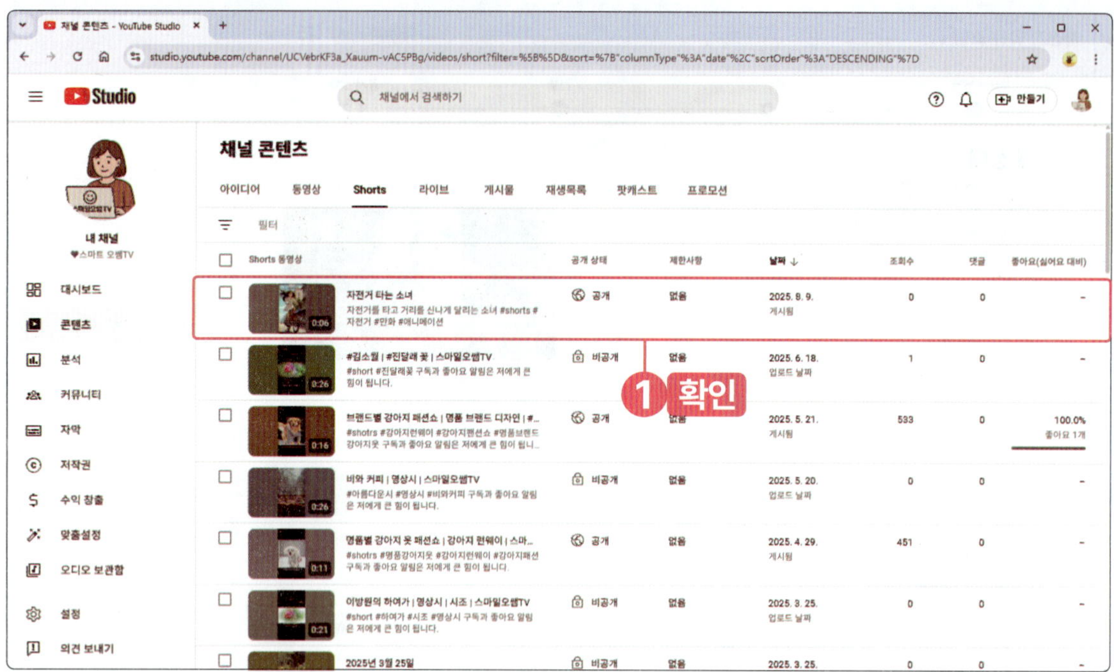

13 [자전거 타는 소녀] 영상을 클릭하여 유튜브에서 영상을 확인합니다.

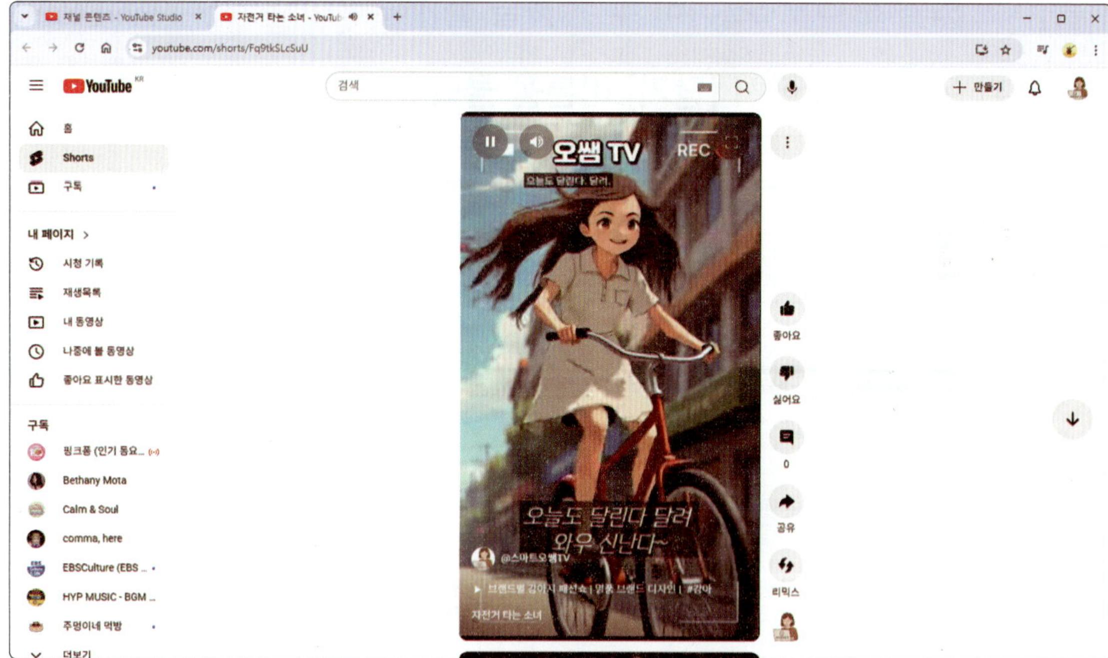

실전 연습 문제

01 개인 폴더에 저장되어 있는 동영상을 유튜브에 올려 보세요.

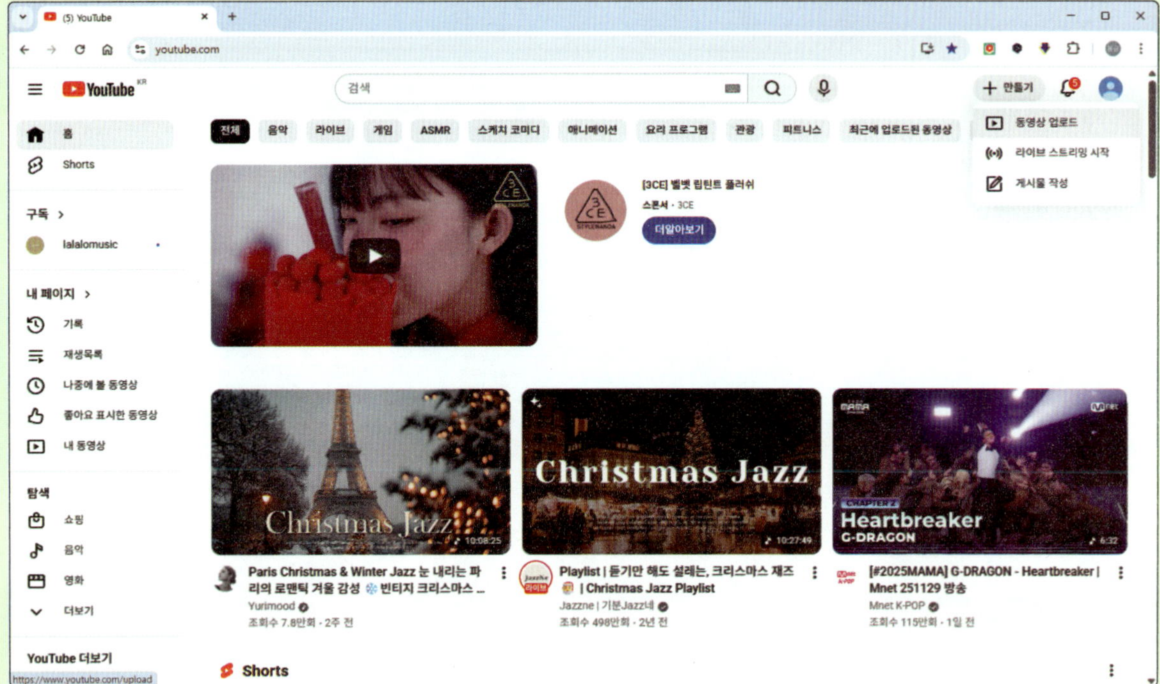

힌트 1. 유튜브 사이트에 접속합니다.
2. 우측에 [만들기 버튼]-'동영상 업로드'를 클릭합니다.
3. 유튜브에 업로드 할 영상 파일을 선택하여 올립니다.

memo